O ORÁCULO DE KUAN YIN

Bênçãos, Orientação e Iluminação
do Divino Feminino

Alana Fairchild

O ORÁCULO DE KUAN YIN

Bênçãos, Orientação e Iluminação
do Divino Feminino

Editado por
Tanya Graham

Tradução:
Rosalia Munhoz

Publicado originalmente em inglês sob o título *Kuan Yin Oracle*, por Blue Angel Publishing®.
©2012, Blue Angel Publishing®.
Direitos de tradução e edição para o Brasil.
Tradução autorizada do inglês.
© 2022, Madras Editora Ltda.

Editor:
Wagner Veneziani Costa (*in memoriam*)

Produção e Capa:
Equipe Técnica Madras

Tradução:
Rosalia Munhoz

Revisão da Tradução:
Giovana Louise Libralon

Revisão:
Jerônimo Feitosa
Ana Paula Luccisano

Dados Internacionais de Catalogação na Publicação (CIP)
(Câmara Brasileira do Livro, SP, Brasil)

Fairchild, Alana
O oráculo de Kuan Yin : bênçãos, orientação e
iluminação do divino feminino / Alana Fairchild ;
tradução Rosalia Munhoz. -- São Paulo : Madras,
2022.
Título original: Kuan Yin oracle : blessings,
guidance & enlightenment from the divine feminine.
ISBN 978-85-370-0996-3

1. Budismo - Doutrinas 2. Compaixão (Budismo)
3. Kuan Yin (Divindade budista) I. Título.

16-01915   CDD-294.342114

Índices para catálogo sistemático:
1. Kuan Yin : Deusa budista : Religião
294.342114

É proibida a reprodução total ou parcial desta obra, de qualquer forma ou por qualquer meio eletrônico, mecânico, inclusive por meio de processos xerográficos, incluindo ainda o uso da internet, sem a permissão expressa da Madras Editora, na pessoa de seu editor (Lei nº 9.610, de 19/2/1998).

Todos os direitos desta edição, em língua portuguesa, reservados pela

MADRAS EDITORA LTDA.
Rua Paulo Gonçalves, 88 — Santana
CEP: 02403-020 — São Paulo/SP
Tel.: (11) 2281-5555 – (11) 98128-7754
www.madras.com.br

Om Kuan Chi Yin Poosa!

Om Mani Padme Hum!

Índice

Introdução 11

Como Usar este Oráculo 12

Sugestões de Jogadas – Disposição das Cartas 13

O Mantra de Kuan Yin 15

Mensagem das Cartas

1. A Lua de Bambu 18

2. As Bênçãos da Donzela da Lua 20

3. As Flores da Dançarina Celeste 23

4. O Chamado do Grou Dançante 26

5. A Dança da Rainha-Borboleta 30

6. A Filha da Fênix 33

7. Beba da Fonte Esmeralda 36

8. A Dinastia da Mãe Divina 38

9. Os Oito Imortais 41

10. A Imperatriz da Pérola   44

11. Entre no Templo de Jade   47

12. Os Portões do Paraíso   50

13. Ouça a Mãe Tigresa Amarela   53

14. Tesouros Imortais   55

15. A Deusa Cisne de Marfim   58

16. A Donzela Ma Gu   61

17. As Muitas Mãos da Deusa   65

18. A Mãe Ardente   67

19. A Mãe de Misericórdia   69

20. O Néctar do Lótus   72

21. A Sacerdotisa – Orquídea do Destino   76

22. A Princesa da Colheita de Outono   79

23. A Radiante Lua de Compaixão   82

24. Revele a Beleza do Pavão   85

25. O Sagrado Rio Yangtsé 88

26. O Lótus Reluzente 91

27. As Irmãs das Flores Estelares 94

28. As Irmãs do Sol Nascente 97

29. Toque a Flauta Impetuosa 100

30. Teça o Fio de Seda Divino 103

31. A Irmã Salgueiro Cujos Galhos Roçam o Chão 106

32. Elevação Tai Chi 109

33. As Dez Irmãs de Luz 112

34. O Alaúde de Amarílis 115

35. O Livro das Mutações 118

36. A Dança do Desvelar 121

37. O Trono de Lótus 124

38. O Tao 127

39. O Limiar 130

40. A Imperatriz Yin 133

41. Rumo à Montanha Celestial 136

42. A Mãe do Lótus Turquesa 139

43. O Vale das Sombras 142

44. Teça o Futuro Dourado 145

Sobre a Autora 149

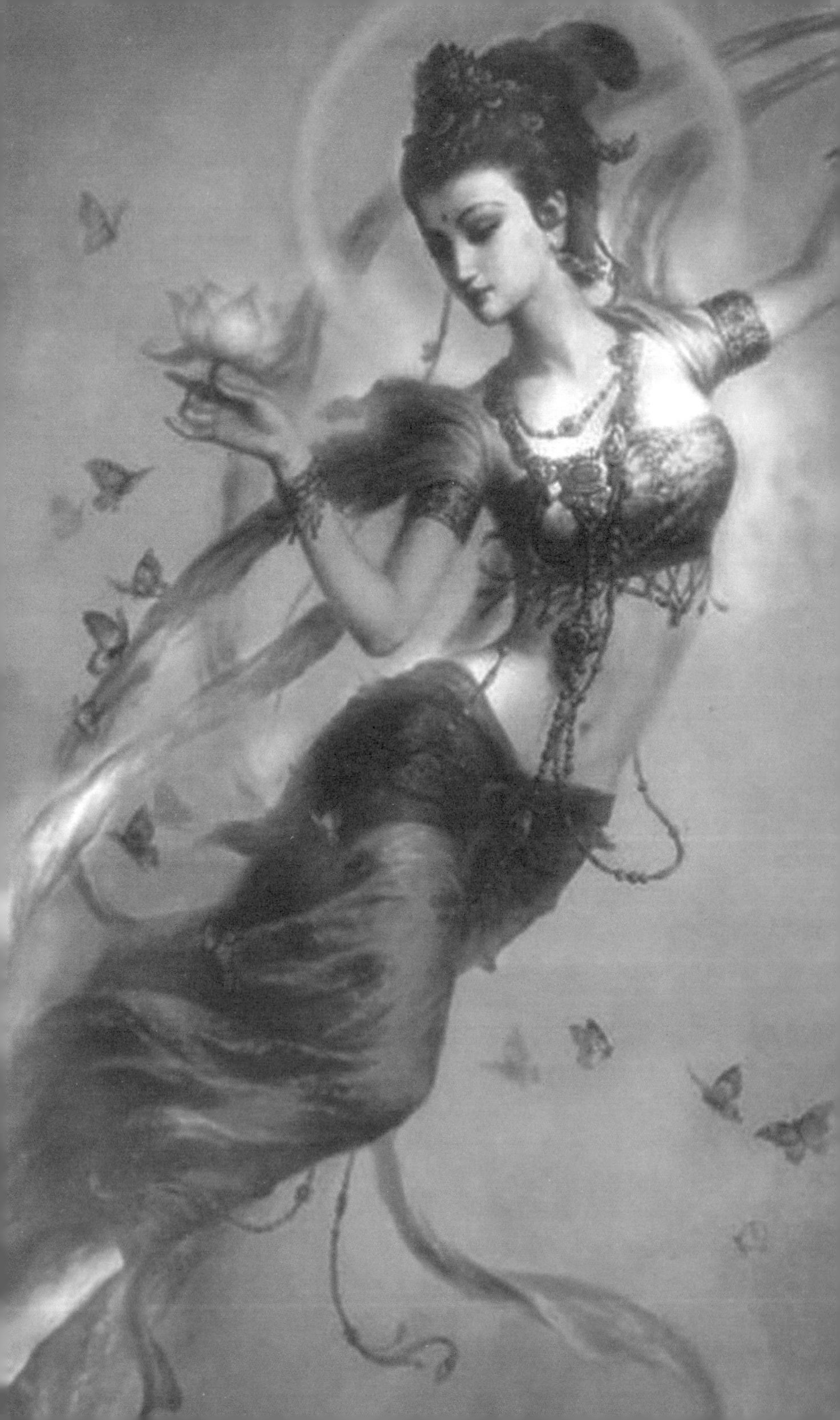

Introdução

Kuan Yin é a Mãe da Compaixão. Ela nos guia para nossa iluminação, o que significa ser capaz de viver em harmonia e unidade com o Amor que é, e render-se a esse Amor. A Iluminação não deve ser um objetivo espiritual distante, mas algo que podemos escolher viver a qualquer tempo, optando pelo amor, pela gentileza, pela compaixão e pela sabedoria em detrimento do medo, do julgamento, da raiva ou da separação com relação à Fonte, ao Divino Feminino, que busca nutrir-nos para florescermos, alcançando a plenitude de nosso ser.

Você é uma Alma belíssima e tem o poder de cocriar uma vida linda pela qual a luz de sua Alma possa irradiar e elevar outras almas, fazendo-as lembrar o caminho do amor em vez do medo. Você pode ser uma fonte de muita luz, cura e sabedoria neste planeta se assim o quiser. Você foi atraído a este Oráculo porque está pronto: pronto para crescer espiritualmente, para ser um farol na evolução da consciência neste planeta, para ser corajoso e escolher o amor em vez do medo. Venha regozijar-se com a luz amorosa, a orientação e as bênçãos da amada Kuan Yin ao encontrá-la em seu próprio coração e em sua própria Alma, falando com você a partir de seu interior. Namastê, Amado. Ela vê, honra e nutre sua luz neste momento.

Om Kuan Chi Yin Poosa!
Om Mani Padme Hum!

Como Usar este Oráculo

Amado leitor, Kuan Yin fala a você por meio de seu coração. A melhor maneira de usar este Oráculo é centrar-se, respirar profundamente e ficar atento a seu coração. Você também pode criar um espaço ritualístico para sua leitura, se tiver tempo e vontade de fazê-lo – talvez uma vela e um pouco de música o ajudem a entrar em seu próprio espaço sagrado para estabelecer uma conexão mais significativa com sua leitura. Recomenda-se ainda que você segure as cartas entre as mãos por algum tempo antes de cada leitura, enviando-lhes amor de seu coração com a intenção de que elas sejam claras e o ajudem.

Talvez você tenha uma dúvida específica, mas saiba que a Mãe Divina lhe traz aquilo de que você necessita – portanto, por vezes você pode obter uma resposta exata para a sua questão, e, outras vezes, a resposta que vier a você parecerá não ter relação nenhuma com ela. Não descarte a informação! Guarde-a como a um tesouro. Seja paciente e procure saber aonde a resposta o levará, e você começará a se conectar com a profunda sabedoria e a inteligência amorosa da Mãe Divina à medida que ela o guia rumo à sabedoria, à paz, à felicidade, ao amor, e muito mais.

Você pode escolher entre as disposições de cartas apresentadas a seguir, embaralhando-as e pegando a carta que cair do baralho ou dispondo-as e escolhendo o número desejado delas, que devem estar voltadas para baixo, antes de fazer a interpretação de sua leitura usando o livro-guia e sua intuição. Você também pode criar sua própria disposição de cartas. Desde que você estabeleça intenções claras e esteja em contato com seu coração, o Oráculo funcionará.

Sugestões de Jogadas – Disposição das Cartas

Uma carta, uma verdade

Para uma leitura rápida e orientação clara, tenha sua pergunta no coração e, então, embaralhe as cartas; escolha uma ou fique com a carta que cair do baralho.

O Espelho de Kuan Yin

Esta disposição de cartas deve ser usada quando você tem uma questão de relacionamento que precisa de esclarecimento ou cura. Para descobrir qual orientação servirá a você para avançar um passo em qualquer relacionamento – seja ele de negócios, pessoal ou espiritual, envie amor para a pessoa (se isso for um pouco difícil na ocasião, imagine seu Eu Superior enviando amor para o Eu Superior da pessoa!). Em seguida, embaralhe as cartas e disponha-as como segue:

Carta Um: Seu aprendizado nessa situação (ajuda a perceber o que você deve vencer em seu interior, o que esse relacionamento pode ajudá-lo a aprender).

Carta Dois: O aprendizado da outra pessoa nessa situação (ajuda a compreender as lições para a alma da outra pessoa, as quais podem ser bem diferentes das suas, ou muito semelhantes).

Carta Três: Resolução mais elevada (ajuda-o a perceber o quanto você pode crescer a partir desse relacionamento e de que maneiras, independentemente se ele irá continuar por muito ou pouco tempo).

A Flor de Lótus

Por vezes. você pode querer orientação espiritual. Esta leitura pode ser usada para qualquer pergunta ou assunto, seja ele de orientação espiritual ou material. Essa disposição de cartas o ajudará a conectar-se com sua orientação interna e receber instrução espiritual para atravessar qualquer bloqueio que o esteja incomodando.

Carta Um: O Cerne da Questão (pode não ser o que você imagina!).

Carta Dois: Como posso crescer de modo a solucionar o verdadeiro cerne da questão? (O melhor caminho ou abordagem para você solucionar a questão genuína em pauta.)

Carta Três: Orientação Especial (uma carta de comunicação de sua Orientação Interna Superior).

Carta Quatro: Orientação para o Futuro (uma carta que lhe dá a percepção do quadro maior em que você está progredindo espiritualmente à medida que supera essa dificuldade).

O Mantra de Kuan Yin

Ao trabalhar com o Oráculo de Kuan Yin, você notará que a oração que acompanha a maior parte das mensagens termina com um mantra. Trabalho com mantras para alcançar grandes efeitos de cura para mim e para os outros, e você também pode fazê-lo. Um mantra é mais que palavras com um significado especial, embora elas tenham um significado especial. Na verdade, os mantras são sons de poder que exercem um efeito imediato mais potente sobre nosso campo de energia que as palavras do dia a dia. Quando entoamos um mantra, estamos trabalhando com a consciência superior. Você sabia que existem seres espirituais que têm a função de entoar mantras pela evolução humana? Eles cantam nos mundos celestiais, ajudando a construir uma ponte para todos nós, aqui na Terra, que estamos em busca da consciência superior também por meio de mantras. Ao entoarmos um mantra, criamos uma conexão além do tempo e do espaço com o amor e a devoção de cada ser humano que um dia já cantou o mantra (e o mantra de Kuan Yin, provavelmente o mais usado no mundo, é um reservatório imenso de energia e poder grupal de que se abastecer), ao mesmo tempo que nos conectamos com os seres celestiais de luz que irradiam esse mantra em uma forma de consciência a serviço da humanidade. Cantar um mantra é unir-se a uma enorme equipe espiritual de colaboradores no caminho da evolução.

Você pode entoar um mantra a qualquer momento. Tomando banho. Meditando. Meditando enquanto toma banho... Apenas tenha cuidado quando estiver dirigindo, porque um mantra pode levá-lo a um estado alterado de consciência e é melhor estar bem ancorado ao operar maquinaria pesada!

O mantra Om Mani Padme Hum é uma poderosa prece de energia divina para abrir o coração, elevar a consciência e ter paz. É provável que seja o mantra mais utilizado na Terra, de modo que há muita energia grupal sustentando-o, e aos que escolhem usá-lo.

Ele ajuda a trazer compaixão e solução para qualquer assunto. Esse mantra convoca o poder divino de Kuan Yin, de todos os seres de amor incondicional e da Mãe Divina, bem como sua própria centelha divina, que se expressa por meio de sua Alma, para vir a bordo e ajudá-lo a resolver o que precisa ser solucionado.

Entoar o mantra em voz alta, com a pronúncia correta, ajuda a aumentar sua atuação no mundo em que você vive. O modo como fui iniciada neste mantra foi entoá-lo como segue. Om soa como "pom" sem o "p". Mani soa da mesma maneira que soa na palavra "manicure". Padme soa como "pâd-me". Hum soa como "rum", já que o h é aspirado.

A frase significa "a abertura da joia do lótus" ou, em minhas palavras, "possa o coração despertar com compaixão divina e possa eu conhecer-me para ser um ser de luz desperto".

O outro mantra que usamos neste livro é Om Shanti. Essa pequena joia poderosa significa simplesmente "paz". Nós o falamos como segue – Om (como em "pom", mas sem o som do "p") e shanti que soa como xan (rima com pam) e ti (ou "chá", *tea*, em inglês).

Om-Xan-ti. Om Xanti. Que haja paz.

Eles funcionam! Experimente-os e aproveite.

Que você receba cura, intuição, paz e alegria pelo trabalho com a amada Kuan Yin.

Namastê, eu vejo sua beleza e sua luz,

Alana Fairchild

MENSAGENS DAS CARTAS

1. A Lua de Bambu

Você sabia que não existem equívocos no Universo e que todos os acontecimentos, circunstâncias, relacionamentos e situações desenrolam-se perfeitamente de acordo com o ritmo e a inteligência do plano Divino? Qualquer demora aparente está a seu favor. Se algo está acontecendo a você neste instante, então, isso também é perfeito. O tempo divino é perfeição. É seguro confiar nisto agora.

Você pode estar se perguntando se algum dia as coisas haverão de harmonizar-se para você ou, se parece que isso está acontecendo muito rápido agora, se você está pronto! A resposta é SIM!

O tempo divino sempre está em ação: quer estejamos deixando as coisas fluírem ou tentando forçar algo, um poder inteligente, mais vasto que nossa visão comparativamente limitada, está sempre em movimento e somos parte dele. Podemos encontrar grande paz e alegria quando percebemos isso, e aprendemos a confiar e relaxar durante o desenrolar de nosso destino divino.

O bambu chinês ajuda-nos a aprender essa sabedoria do tempo divino. Ao longo de seus cinco primeiros anos de vida, mais ou menos, enquanto as pequenas raízes tentam fixar-se no solo, parece não estar acontecendo muita coisa. Contudo, quando prontas, aquelas raízes são excepcionalmente fortes e a planta cresce de repente, como fogo selvagem! Havia muito mais coisas acontecendo na preparação do crescimento vigoroso do que estava evidente no início humilde da planta de bambu.

Pode ser do mesmo modo com o tempo divino. Existem períodos em que parece não estar acontecendo absolutamente nada, e podemos começar a imaginar que será sempre assim! No entanto, esse tempo de preparação interior permitirá desenvolvimento e crescimento acelerados quando estivermos prontos. Terminado o tempo da preparação paciente e completa, nosso crescimento pode acontecer tão depressa que talvez então nos preocupemos achando que tudo está acontecendo rápido demais e não conseguiremos acompanhar o processo! Mas é claro que o acompanharemos, porque a preparação interior nos permitiu desenvolver um bom alicerce de força espiritual.

Assim como os ciclos da Lua, que mudam da luz oculta para o máximo esplendor de reflexo solar apenas para mudar de novo, seu desenvolvimento é só uma questão do tempo correto. Você é encorajado a confiar no tempo divino, sabendo que tudo está bem em seu mundo. Alegre-se! Seus sonhos e seu destino divino estão manifestando-se agora, seja isso óbvio ou não, e tudo continuará a desenrolar-se para seu máximo bem. Fique em paz, amado. Você não foi esquecido, nem seus dons estão sendo superestimados, tampouco subestimados. Tudo está bem no desdobramento do Plano Divino de que você faz parte.

Cura Pela Lua de Bambu

Imagine-se sentado no meio de uma luxuriante e verde floresta de bambus, copiosa, fresca e serena. No céu, a Lua nasce e você percebe que ela está cheia. Há serenidade, paz e luz suave em abundância. Você nota vastos campos de bambu, dourados à luz da Lua. O bambu move-se tranquilamente à brisa. Sinta a paz e o reconhecimento em seu coração. Você não precisa fazer nada além de sentir. Você pertence à natureza; você também florescerá. Apenas sinta.

Oração sob a Lua de Bambu

Kuan Yin, tu te rendes à perfeição do tempo divino, como os brotos de bambu preparando-se para o crescimento rápido e a bela Lua que se torna cheia. Por vezes, a mudança não é tão evidente, mas, mesmo assim, o crescimento está acontecendo! Por favor, ajuda-me a perceber que tudo está de acordo com o Tempo Perfeito em minha própria vida e em todos os meus planos, projetos e desejos. Amada Deusa, preencha meu coração com teu amor e tua paz. Permite que a sabedoria da Lua de Bambu penetre minha Alma. Om Mani Padme Hum.

2. As Bênçãos da Donzela da Lua

A Donzela da Lua, com sua Lebre da Sorte, agora traz a você marés auspiciosas de prosperidade e abundância. O Universo busca nutrir, restaurar e criar por meio de você. Permita-se receber mais do que já imaginou possível, abrindo o coração com gratidão neste momento. Agora, deixe as bênçãos da boa fortuna da amada Donzela da Lua, Kuan Yin, fluírem livremente para sua vida.

Dádivas de abundância e prosperidade fluem em sua direção agora. Você é instado a se abrir para aquilo que acredita ser possível e, depois, abrir-se um pouco mais. Permita que a boa fortuna, em todas as suas formas, venha a você. Não limite o que você é capaz de atrair para si com falsas crenças sobre o quanto você merece ou o que é digno de ter. O Universo compartilhará com você muito mais do que você imagina ser possível quando abrir seu coração e abandonar limitações, dúvidas ou medos autoimpostos.

A Donzela da Lua abençoa com grande generosidade, bênçãos de boa sorte e paz, conquanto devamos confiar no modo como essas bênçãos vêm a nós e aceitar que talvez precisemos de algum crescimento para que elas se manifestem em nossas vidas. Todas as bênçãos precisam que haja energia em nosso íntimo para ali se depositar, como uma semente que precisa de solo para ser plantada e poder manifestar-se no mundo físico como uma planta saudável e vigorosa.

Bênçãos tais como novas parcerias, novos caminhos de vida, oportunidades na carreira, crescimento em poder pessoal ou espiritual e saúde financeira requerem energia interior para conseguir se estabelecer e desenvolver em formas físicas que possam ser desfrutadas e compartilhadas em nossas vidas. Nossas crenças, abertura, vitalidade e confiança precisam ser grandes o suficiente para receber a magnificência das bênçãos que vêm a nós. Senão, é como pedir que um imenso e lindo carvalho seja plantado em um vaso minúsculo, ou que um oceano caiba em um dedal.

Você sabe como é fácil atrair mais benevolência e apoio para esse crescimento em sua vida? Tenha gratidão pelo que já recebeu e por quanto já cresceu! Essas bênçãos não viriam a você se não existisse um preparo e a habilidade em seu interior para recebê-las.

Portanto, compartilhe com os outros algo que você já tem de modo a expandi-lo em vez de empobrecê-lo. Você pode escolher compartilhar bondade, seus talentos, amor ou afeto, conhecimento ou recursos materiais. Dê a partir de um desejo de fazê-lo que venha do coração. Não tente doar por medo, obrigação ou culpa. Dê apenas o que você se sentir bem em dar e seu coração se abrirá com alegria em vez de se fechar com ansiedade ou medo. Você se sentirá bem e mergulhará ainda mais fundo no fluxo da abundância.

O divino feminino cria incessantemente, de novo e uma vez mais, fluindo em ciclos, assim como a Lua. Se você vem passando por um ciclo desafiador em que sua habilidade criativa para manifestar coisas parece estar obstruída, este oráculo indica que a maré está mudando e suas finanças, sua energia, seus relacionamentos e sua vocação estão recebendo agora energia universal em abundância. Aceite essa Graça Divina e saiba que sua abundância ajuda outros a sentirem-se abundantes também. É um serviço espiritual viver uma vida de plenitude e alegria.

Bênçãos de Cura da Donzela da Lua

Reserve alguns instantes para considerar em que área de sua vida você gostaria que houvesse crescimento, cura e abundância. Prosperidade e boa fortuna têm muitos aspectos – riqueza material é um, relacionamento é outro, sucesso profissional pode ser mais um, gratificação espiritual e expressão criativa são ainda outros. Quais são os aspectos da abundância que você deseja experimentar em uma dose maior em sua vida?

Quando você tiver identificado as áreas em que mais gostaria de receber cura (tendo a percepção de que a cura em geral afetará todas as áreas de sua vida, independentemente do canal pelo qual ela venha), dedique algum tempo para articular e talvez escrever em seu diário ao menos três crenças negativas que você tem sobre essa parte de sua vida. Depois, pense em três situações positivas que você gostaria de vivenciar e, se quiser, escreva-as em seu diário.

Feche os olhos suavemente e imagine-se em um lugar místico com uma Lua Cheia muito reluzente na escuridão da noite. Imagine Kuan Yin dançando, cercada por uma bela luz, flores de lótus brotando de seus pés e uma luz dourada, que irradia das mãos da deusa na sua direção. Imagine-se oferecendo-lhe as crenças negativas escritas em seu diário – você pode até lê-las em voz alta, se desejar – e permita que ela irradie luz dourada de suas mãos, inundando tais crenças com luz e transformando-as em energia positiva. Imagine as flores de lótus dos pés de Kuan Yin roçando seu chacra coronário, enquanto ela envia a energia positiva de cura de volta para seu chacra cardíaco. Imagine-se inspirando essa energia e, quando estiver pronto, poderá fazer a prece a seguir ou simplesmente agradecer e abrir os olhos.

Uma prece para a Donzela da Lua

Escolho agora liberar energia negativa, crenças negativas e lembranças negativas ligadas à abundância, ao dinheiro, a relacionamentos, a sucesso e bem-estar. Ofereço-as à amada Donzela da Lua, Kuan Yin, para que as cure. Possa ela transformar o peso destas oferendas em luz dourada. Que eu receba essa luz dourada em meu coração. Boa fortuna e bênçãos fluem a mim agora. Possa eu compartilhar como recebo. Que eu possa fluir com alegria, abundância e graça divina. Pelas bênçãos da Divina Kuan Yin, que assim seja.

3. AS FLORES DA DANÇARINA CELESTE

Kuan Yin dança, irradiando energia criativa e luz pelo céu, fazendo com que flores desçam à terra. Do mesmo modo, quando acessamos nosso poder espiritual de criação, fazemos com que nossa vida e toda vida à nossa volta floresçam. Criar é um poder espiritual natural em seu íntimo, amado. A força pode tornar o processo mais vagaroso. Já é hora de parar de lutar e permitir que sua manifestação aconteça. Confie, relaxe, permita que sua criação flua.

Kuan Yin é um ser do poder feminino divino. Ela dança com o céu, com os poderes celestiais da inspiração e, como resultado, a vida floresce à sua volta. Kuan Yin traz-lhe a orientação de que você está criando algo importante neste momento, algo que está alinhado com as forças e a luz celestiais, que é importante para o caminho do despertar espiritual neste planeta. Esteja você plenamente consciente disso ou não, ESTÁ acontecendo. Sua luz espiritual está fluindo ao plano físico com a intenção de manifestar determinadas situações e circunstâncias de vida. Tais manifestações estão de acordo com seu caminho espiritual e Kuan Yin o apoiará na manifestação delas com sua Dança Celeste, que invoca a luz divina da inspiração e sustentação para a criação terrena, de modo que possamos vivenciar o divino na forma, aqui na Terra.

O caminho da Dançarina Celeste Kuan Yin é o Caminho Yin ou o caminho do Magnetismo Divino. O poder Yin é a consciência e "existência presente" que nos permite atrair para nossas vidas aquilo que desejarmos. Nós nos tornamos ímãs do que desejamos – abastança, bem-estar, paz, paixão, propósito, amizade, apoio, sucesso e tudo o mais. Em vez de sairmos para lutar pelo que queremos, como se já não o tivéssemos em nosso íntimo, podemos crescer em nossa habilidade de apenas sermos e nos tornarmos simultaneamente, até vivenciarmos isso em nossas vidas físicas. É só uma questão de tempo até que aconteça.

A fim de cultivar o Poder Yin e permitir que a criação se manifeste em sua realidade física, você pode concentrar-se mais em permitir, fluir, entregar-se e participar do fluxo maior, em vez de seguir os caminhos comuns da cultura ocidental: produzir, fazer as coisas acontecerem, forçar, tencionar e controlar. Kuan Yin guia-o agora ao equilíbrio entre fazer e ser. Existência é presença, é gratidão, é quietude jubilosa e maravilha, é a percepção interior de que você é um ímã espiritual e pode atrair o que desejar, simplesmente cultivando dentro de si as qualidades que deseja vivenciar exteriormente. Ela o orienta a acompanhá-la agora em sua Dança Celeste, tornar-se receptivo às energias celestiais e permitir que as manifestações floresçam, como as flores que caem de seus pés divinos.

Cura com a Dançarina Celeste

Tente sentir como se você estivesse em um espaço muito amplo, tranquilo e escuro que, ao mesmo tempo, parece cheio e vazio. Esse lugar o sustenta e, simultaneamente, não o confina de modo algum. Enquanto imagina esse espaço escuro sustentando-o, como um berço cósmico, diga suavemente, em voz alta: "Invoco agora a Potência Yin de Kuan Yin para ajudar-me a abandonar a necessidade de forçar, de lutar e acreditar que devo fazer as coisas acontecerem pela minha própria vontade, que eu devo estar no controle para que minha criação se manifeste. Ajude-me a confiar no Universo, confiar em minha própria Alma, confiar na bondade inerente da vida e na receptividade do Cosmo e em meu próprio valor. Por favor, ajuda-me, Amada, para que minha criação possa acontecer prontamente e com desembaraço, beleza e perfeição divina".

Imagine que, no interior dessa escuridão, você percebe uma luz ondulando graciosamente, infindáveis flores de luz flutuando em sua trilha. Una-se àquela luz, ciente de que ela é a bela Dançarina Celeste Kuan Yin. Se desejar, acompanhe-a na dança, sentindo a luz celestial da criação fluindo em volta de vocês dois, como um belo céu azul, aberto, irradiando luz solar. Sinta a alegria enquanto flores fluem da aura de Kuan Yin e giram em volta de vocês, em espirais.

Concentre-se em seu coração e, quando estiver pronto, abra os olhos.

Prece para a Dançarina Celeste

Amada Kuan Yin, Dançarina Celeste, florescente de criação, sou um com o poder do divino feminino. Sou um com a paz, com a criação que se manifestará. Sou amor, eu me entrego. Sou Yin, sou abençoado. Eu deixo ir para receber. Eu abro mão para fluir. A paz em meu coração agora fertiliza minha criação, para que cresça. Om Mani Padme Hum.

4. O Chamado do Grou Dançante

O Grou Dançante movimenta-se por águas e pântanos lamacentos com elegância e graça. O chamado e a dança de acasalamento do Grou são cheios de belos movimentos e fluidez. Existem períodos em que as águas astrais de nossa vida emocional ficam estagnadas e se beneficiarão do movimento, da graça e da beleza curativa do Grou Dançante. O Chamado do Grou Dançante é um lembrete de que o Som também pode curar. Isso é particularmente verdadeiro quando seus pensamentos, crenças e padrões emocionais não o sustentam na vivência do destino espiritual que você nasceu para cumprir.

Você já sentiu como se fosse uma "pessoa diferente" nas férias ou quando estava viajando? Isso acontece porque você estava livre da gravidade astral em que costuma viver no cotidiano. O plano astral é como cola. Quando colocamos energia suficiente para transformar em hábito pensamentos, emoções, crenças e histórias de nosso passado que condicionam a maneira como interpretamos as experiências de vida atuais, podemos ficar atolados em gravidade astral, incapazes de abandonar modos de pensar e reagir, mesmo quando realmente desejamos fazê-lo. Podemos criar pensamentos e crenças astrais aderentes que se fixam em casas, lugares e pessoas. Quando estamos em um ambiente diferente, geralmente temos a oportunidade de criar novos hábitos e crenças, razão por que um feriado ou viagem pode ser tão revigorante e inspirador. Contudo, por vezes isso não é prático, e precisamos de cura para vencer a estagnação lamacenta de velhos pensamentos e crenças neste instante!

À medida que crescemos espiritualmente, podemos vencer nosso condicionamento astral. Assim como peneirando a lama e retirando-a da água podemos nos movimentar com mais liberdade e graça, como o Grou Dançante, se aceitarmos que a energia de cura nos ajude a filtrar nossos programas psicológicos, nossos pensamentos, crenças e emoções, poderemos criar novos hábitos e padrões mais alinhados com o que gostaríamos de vivenciar em nossas vidas. Essas energias filtradas podem tornar-se mais poderosas que velhas histórias sobre a vida, que já não nos dão respaldo para viver de acordo com nossa luz espiritual.

Alcançar a cura das águas astrais pode exigir grande paciência, persistência e aplicação. O Grou Dançante usa a dança e o som para florescer e você é encorajado a usar movimentos, como dança ou ioga, e sons sagrados, tais como a entoação de mantras ou nomes divinos de cura, como Kuan Yin, Deusa Grou Dançante, para sustentar sua cura. Você pode intuitivamente sentir que o movimento em um sentido físico, para um lugar diferente, sair para uma caminhada ou ir a um parque ou praia diferente, por exemplo, pode ajudá-lo. Se você vem sentindo que precisa mudar-se para outro lugar, mudar situações em sua vida ou unir-se a novos grupos de pessoas que lhe proporcionem maior inspiração, então, este oráculo está confirmando tal intuição e encorajando-o a acolher essas mudanças em sua vida.

Você está sendo guiado pela Graça de Kuan Yin, pela vibração de cura do Chamado do Grou Dançante, a parar de acreditar em suas próprias histórias, em seus velhos hábitos e padrões, e perceber que eles são apenas condicionamentos astrais. Não existe verdade maior que esta! Você pode mudá-los! Você pode escolher cultivar quaisquer pensamentos, crenças e interpretações de experiências que desejar.

Às vezes, somos agraciados com assistência divina que ajuda nossa cura astral a acontecer com maior rapidez e facilidade. Nós ainda precisamos de nossas afirmações para mudar nossos pensamentos e deixar para trás velhas histórias sobre nosso próprio valor, nossa abundância, saúde, nossos relacionamentos, julgamentos que fazemos de nós mesmos e dos outros. Ainda assim, com Bênçãos Divinas, é como se uma mão nos elevasse e retirasse de nossos velhos hábitos até aprendermos a permanecer na nova vibração por nós mesmos.

Você está sendo chamado a permitir que Kuan Yin o auxilie. Ela pode vir a você em meditação, por meio de uma sessão de cura, ou em um sonho. Você pode vê-la como uma Deusa Grou ou ouvir música e sons que o elevam a uma nova vibração. Você pode sentir Sua orientação no desejo de criar um quadro de avisos, de dizer afirmações ou entoar um mantra, em um desejo de dançar ou fazer ioga. Permita que Ela o guie ao caminho perfeito para você receber Sua bênção divina e Sua ajuda para que suas afirmações, seu quadro de avisos feito de imagens inspiradoras, que você ama, e suas escolhas de interpretar os dados futuros como provas de que o Universo o ama e ajuda tornem-se mais poderosos do que a influência de seu passado.

Cura com O Chamado do Grou Dançante

Sente-se em silêncio e concentre-se no espaço de seu coração. Imagine que você consegue olhar para cima, através da coroa de sua cabeça, e ver, perceber ou sentir uma bola radiante de pura luz branca, com partículas de neon violeta vibrantes ao centro e uma margem radiante de neon violeta em torno das bordas. Diga: "Eu invoco a Luz Violeta Elétrica para purificar meu campo astral de todas as energias negativas agora, pela Graça de Kuan Yin, que assim seja". Perceba essa luz violeta elétrica derramando-se como um rio interminável através da coroa de sua cabeça, descendo por todo o seu corpo e saindo pelos pés, transbordando do centro de seu ser até você estar em uma coluna imensa de luz violeta elétrica, que se torna maior que o ambiente onde você está sentado. Permaneça nela pelo tempo que lhe parecer suficiente e termine dizendo: "Invoco agora a graça de Kuan Yin para ajudar-me a manifestar pensamentos, crenças e emoções de vibração mais elevada que sustentem a luz de minha Alma em uma experiência de vida alegre e satisfatória agora, aqui na Terra. Om Mani Padme Hum".

Em seguida, imagine que dentro de seu coração você pode ver dois Grous dançando com elegância, chamando um ao outro, brincalhões, sentindo alegria e deleite. Imagine que esses Grous representam sua própria Alma e a Alma de Kuan Yin. Permita que exista liberdade e dança entre suas Almas. Quando estiver pronto, inspire e expire, e depois abra os olhos.

Você pode completar esse processo com um banho completo ou apenas lavando os pés, colocando um punhado de sal na água para terminar seu processo de limpeza.

Uma Oração para O Chamado do Grou Dançante

Amada Kuan Yin, chamado da Deusa por meio do Grou Dançante, possam teu Som, tua Graça e tua Luz brilhar com mais intensidade que minhas dúvidas ou medos. Que tua Luz ajude minha própria Alma a chegar mais perto. Possa eu entregar o que já não serve com amor incondicional e substituí-lo pela inspiração de teu amor divino. Om Shanti.

5. A Dança da Rainha-Borboleta

Um coração puro e amor sincero atraem a Graça Divina. Com a Graça de Kuan Yin, Rainha-Borboleta, o que era impossível torna-se possível. De lagarta a criatura alada de regozijo, você não pode impedir o que a Graça Divina ordena, não importa quão incrível isso possa parecer. O que quer que venha lhe causando preocupação, ou o que quer que venha lhe trazendo inspiração, permita que a Graça se derrame sobre a situação ou sonho, de maneira que possa desdobrar-se com perfeição divina. Permita que a Rainha-Borboleta dance; ela trará cura e graça para a situação que você está vivenciando agora, amado, com passos leves e a graça de seu coração.

A Graça Divina flui por intermédio da Rainha-Borboleta com leveza de toque e grande alegria. Ela concede bênçãos de cura, empoderamento e libertação. Ela flui para aqueles cuja necessidade é genuína e que estão prontos para recebê-la. Não há limite para o que é possível com a graça divina. É o poder que a Rainha-Borboleta Kuan Yin permite fluir pelo canal puro de seu coração.

Kuan Yin encoraja-o a estar pronto para receber sua Graça e escolher abrir mão do esforço para, em lugar disso, voltar-se para seu coração, invocando o amor incondicional divino e a amada Kuan Yin, para dançar sua graça por sua vida.

A Graça Divina não está tirando de repente de você uma lição valiosa. É a intervenção da inteligência divina compassiva, de amor incondicional, que o ajuda a perceber que você aprendeu o que podia e agora é o momento de receber auxílio para sair da situação, para ser elevado a uma nova experiência vibracional. Volte sua mente para a expectativa de uma solução pacífica e de um auxílio inspirador. Abandone profundos sentimentos de indignidade que exigem que você continue a lutar sozinho e com recursos limitados. Abandone as falsas noções de que permitir que os outros o ajudem é dependência, estejam esses outros em forma humana ou em forma espiritual, nos planos internos. É interdependência permitir-se ser ajudado pelos outros e ajudá-los. Você não está entregando seu poder: está permitindo que o relacionamento divino fortalecido faça seu poder crescer de modo que você possa elevar-se e ser abençoado.

A Rainha-Borboleta o exorta a abandonar o peso da situação, permitir que seu coração se torne leve como o ar, como se sua dança de borboleta estivesse tocando seu coração com grande suavidade neste momento. A Graça d'Ela chega a você agora, amado.

Dança de Cura da Rainha-Borboleta

Encontre um lugar na natureza ou onde você possa observar algo belo e que transmita calma, ou talvez sente-se diante de seu altar em casa, colocando algumas flores nele ou mesmo uma foto de um lugar bonito de que você goste. Você pode ainda fechar os olhos e visualizar que está em um lugar bonito e sereno na natureza. Permita-se notar como cada elemento desse local natural simplesmente "é". A água apenas flui, as árvores simplesmente crescem, o Sol apenas brilha e a chuva só cai. Não existe esforço, apenas fluxo.

Imagine agora que sua vida, com todos os seus variados componentes e pessoas, é como uma cena na natureza. Imagine a energia apenas fluindo sem restrições. Imagine que, ao abandonar o esforço e a luta para fazer com que as coisas sejam do jeito que você as quer, de repente elas podem fluir e mudar, crescer como devem crescer, naturalmente, de acordo com o plano e a graça divina que preenchem nosso universo.

Diga: "Recebo agora, agradecido, a Graça Divina e o Amor Incondicional de Kuan Yin, Rainha-Borboleta. Gratidão pelas bênçãos de Graça que agora dançam através de mim. Possa essa Graça trans formar meu coração e minha vida em uma expressão de puro amor e consciência mais elevada. Eu me entrego à doçura de tua graça e ao jubiloso fluxo da vida. Om Mani Padme Hum!"

Oração para a Rainha-Borboleta Dançante

Escolho abandonar neste instante a luta e a dúvida e abrir-me às bênçãos da graça divina de Kuan Yin, por meio da qual todas as coisas se tornam possíveis. Rainha-Borboleta, possa eu ouvir em meu coração a música divina de alegria e paz a cujo som tu danças. Om Mani Padme Hum.

6. A Filha da Fênix

Quando a Alma está pronta para abrir as asas, ela passa por um processo profundo de limpeza, purificação e preparação para novos níveis de sabedoria espiritual, poder e luz. Do mesmo modo que a Fênix, que é batizada no fogo celestial para nascer renovada, você está passando por uma fase semelhante de purificação, preparação e iniciação celestiais. Esta é uma fase avançada do crescimento da alma e você logo desfrutará de maior paz espiritual, poder divino e avanço em seu caminho divino de vida. Kuan Yin, a Filha da Fênix, passou pelo fogo físico e pelo celestial, e ascendeu a uma posição de grande paz, poder e autoridade espirituais. Ela o orienta agora a reivindicar seu renascimento e ascensão.

Como ao mudarmos de casa, momento em que temos de reorganizar nossos pertences, sendo por vezes uma oportunidade de descartar aquilo que não desejamos levar conosco para nossa nova vida, quando nos preparamos para passar a um nível de consciência mais elevado, existem hábitos antigos, emoções aprisionadas e energia estagnada que não condizem com nosso novo ciclo de vida.

O caminho da purificação e iniciação pelo fogo celestial é uma preparação para a iluminação espiritual, maior felicidade, bem-estar, prosperidade, sucesso, responsabilidade espiritual e liderança. Essa pode ser uma época desafiadora, já que aquilo que ficaria no caminho de um novo nível de potência espiritual deve ser eliminado, e, muitas vezes, tais coisas são medos, dúvidas ou questões profundas sobre nosso próprio valor e capacidade. Encontrar essas partes de nós mesmos conscientemente pode parecer um confronto. Contudo, não podemos deixar ir se sequer percebemos aquilo a que ainda nos apegamos interiormente. Essa iniciação o ajudará a abandonar qualquer bagagem ou dor antiga que não ressoará com os níveis mais elevados de luz que você está sendo preparado para viver. Por vezes pode parecer um desafio, mas saiba que não há nada errado. Na verdade, existe algo muito correto por trás dessas experiências.

Não tenha medo dos desafios. Você não estaria fazendo esses "exames espirituais" se não estivesse pronto para viver em uma espiral de consciência mais elevada. Tenha um pouco de fé em seu próprio progresso e lembre-se de não ficar apegado ao que está "deixando" sua consciência à medida que se prepara para ascender. Abandonar velhas energias com confiança, mesmo que você nem sempre compreenda conscientemente o que está acontecendo, é o caminho mais rápido de ascender com facilidade e graça.

A fim de passar por essa iniciação e beneficiar-se dela, devemos estar preparados para abandonar o que precisa ser destruído pelo fogo. Kuan Yin, a Filha da Fênix, o orienta a ter fé e confiança destemida de que é seguro deixar o fogo celestial fazer seu trabalho, de modo que você possa elevar-se renovado, rumo a seu destino espiritual.

A iniciação está em suas fases finais quando você é capaz de colocar em teste suas novas crenças e talentos, vivendo com base em seus princípios espirituais de confiança, fé e amor. Seja o que for que se apresente agora, esta é uma oportunidade para você aplicar seus valores espirituais e viver sua vida de acordo com eles. Então, o fogo celestial logo terá feito seu trabalho e você reemergirá como uma fênix gloriosa, pronto para uma nova vida.

Cura Celestial com a Filha da Fênix

Sente-se em silêncio com os olhos fechados e veja, perceba, sinta ou imagine que há uma coluna de fogo descendo sobre sua cabeça, a toda sua volta e através do centro de seu ser, até queimar, com amor espiritual, desde muito acima de sua cabeça até profundamente, no interior da terra, estando você no centro.

Diga: "Liberto neste instante, com confiança e paz, toda energia, sentimento ou ligação que já não sirva à ascensão de minha alma para o próximo nível de luz e manifestação divina. Invoco a Amada Filha da Fênix e Fogo Celestial, Kuan Yin, para que me abençoe e ajude agora".

Perceba uma luz suave que começa a reluzir no interior da parte central da coluna de fogo. Essa é Kuan Yin. Imagine-a como uma deusa-fênix magnífica, com asas e coração de fogo divino. Ela ergue-se, puxando-o em sua direção e, então, tudo se torna muito tranquilo quando ela sai do fogo na forma de uma delicada deusa feminina. Permita que sua luz o acalme e o eleve do fogo para a paz, com Ela. Imagine-se abandonando as velhas energias e emergindo renovado e revigorado, a luz da deusa envolvendo-o, protegendo e apoiando à medida que você cresce. Tudo está bem, amado.

Uma Oração para a Filha da Fênix

Divina Filha da Fênix, Senhora do Fogo Celestial, Kuan Yin, tua luz de paz e graça sustenta-me pelas tribulações de meu crescimento. Possa eu ser elevado à paz por tua beleza luminosa, e sentir êxtase e entusiasmo em vez de medo e dúvida enquanto cresço. Que eu possa aprender a abandonar velhas dores sem ficar preso a fantasias ou histórias. Possa eu ter compaixão de meu próprio sofrimento ao liberá-lo com paz e amor. Que eu viva de acordo com minhas verdades, aplicando minha própria sabedoria espiritual a todas as partes de minha vida com coragem e fé. Om Mani Padme Hum.

7. Beba da Fonte Esmeralda

O Divino Feminino encoraja o despertar e o empoderamento de todos os seres vivos. Quando aquele que busca com sinceridade tenta encontrar o caminho, muita ajuda lhe é enviada. Faz sentido estar aberto para recebê-la – de fato, adiantar--se e beber da fonte esmeralda, que é o chacra do coração de amor incondicional de Kuan Yin. Permita-se ser nutrido pelo poder e pelo amor da Mãe Divina, que fluem a você neste momento.

Nada se ganha ao tornar a vida mais difícil do que ela precisa ser, a não ser estresse desnecessário ou talvez o aprendizado de que tal caminho não é muito divertido. Você está passando agora por um período de importante crescimento espiritual. Seu Eu Superior criou uma agenda espiritual e planeja estar em determinado destino no tempo e no espaço para colocar acontecimentos em movimento, para beneficiar-se de sincronicidades e conseguir viver seu Propósito Divino também no mundo físico. A Alma tem muitos recursos e está pedindo ajuda Divina para chegar a seu destino em tempo.

Quando você se permite ser auxiliado, grandes reservas de apoio lhe são disponibilizadas. Sua alma é fortalecida e nutrida pelo coração amoroso da Mãe Divina. Como ele está cheio do amor da Fonte Esmeralda, esse amor pode fluir por meio de você, fazendo--o sentir-se mais feliz, mais equilibrado, contente e em paz. Quanto mais você se permite ser assistido, mais se sentirá desapegado e confiante. Você verá que menos problemas surgirão em sua vida e, quando aparecerem, você pode surpreender-se com a rapidez com que são resolvidos, às vezes apenas com um pequeno esforço de sua parte. Este é o benefício de permitir que forças divinas maiores que nós individualmente nos nutram e apoiem. Permitimos ao poder amoroso, que é muito maior que nossa consciência individual, fazer o maior esforço, e o caminho de nossa Alma desenvolve-se com mais alegria e rapidez. É um fazer sem fazer.

Você está em um ponto do caminho em que precisa de apoio para emergir e continuar progredindo. Você é convidado a beber da Fonte Esmeralda, aceitar o amor que se derrama eternamente do chacra do coração da Mãe Divina, uma vez que ele o beneficiará muito, mesmo de modos que ainda não fazem parte de sua percepção consciente. Que sua sede espiritual seja saciada e que você seja sustentado e assistido pela Mãe Divina.

Uma Cura junto à Fonte Esmeralda

Deitado ou sentado confortavelmente, feche os olhos e deixe a respiração tranquila. Imagine que, à sua frente, há um lugar sagrado repleto de luz verde-esmeralda e você ouve uma fonte. Seu som é como o de uma cachoeira, como o de uma linda mulher cantando suavemente, como o soar de uma tigela de cristal e pássaros cantando. Você vê ou percebe a fonte e aproxima-se dela, consciente de estar em um lugar muito especial de grande poder e amor, o chacra do coração da Mãe Divina Kuan Yin. Banhe-se nessa fonte e beba dela com respeito e gratidão. Permita-se absorvê-la. Sinta qualquer emoção liberada e simplesmente seja.

Quando estiver pronto, volte para sua respiração e seu corpo e, se quiser, pode terminar sua cura com a oração a seguir.

Ao longo dos dias e semanas seguintes, esteja aberto a dizer sim, a permitir que a vida seja mais fácil, a abandonar o que cause sensação de peso ou obstrução e a ter fé absoluta em seu processo.

Oração diante da Fonte Esmeralda

Divina Kuan Yin, amada Deusa que me ama incondicionalmente, neste instante, tens minha bênção e permissão para ajudar-me com energia divina que seja para meu máximo bem em todas as áreas da minha vida. Ajoelho-me agora diante de tua fonte sagrada de amor, luz e assistência divina. Bebo de teu coração aquilo que preenche minha Alma. Recebo com gratidão tua ajuda de amor incondicional. Om Mani Padme Hum.

8. A Dinastia da Mãe Divina

O único desejo da Deusa Mãe Divina é que todos os seres sejam espiritualmente livres. A Deusa Divina chama-nos a perceber nossa verdadeira natureza e a nos apaixonar por nossa própria divindade. A iluminação é a culminância de muitos pequenos passos, cada um deles como uma gota-d'água formando um oceano divino de paz, realização, amor e unidade em nosso íntimo, um oceano que lava todo o medo, separação e escassez e nos banha em abundância e bem-aventurança. Você traz a tocha da iluminação dentro de si, amado. Deixe-a brilhar a cada dia.

Às vezes, imaginamos seres iluminados como uma espécie diferente dos seres humanos comuns! Não obstante, existe um velho dito oriental que diz: "Antes da iluminação, corte lenha, carregue água; depois da iluminação, corte lenha, carregue água". A iluminação manifesta-se nos pequenos atos que praticamos a cada dia. Por vezes, a menor ação pode parecer um salto enorme e, ainda assim, ao agir, percebemos que a jornada para a paz é algo que podemos escolher seguir a qualquer momento.

A Dinastia da Mãe Divina é seu legado espiritual, sua infinita compaixão pelo sofrimento humano e seu propósito de elevar a humanidade, tirando-a da ignorância e levando-a à paz, e ela brilha por meio das Deusas Orientais, como Kuan Yin, Tara Verde e Mazu.

Este oráculo indica que seu legado espiritual é importante neste planeta. Você é um canal da Dinastia da Mãe Divina, para a iluminação de todos os seres. Nós colaboramos com a Dinastia da Mãe Divina por meio de nossas escolhas e criações, desde os pensamentos íntimos que nutrimos até os projetos em que investimos tempo, energia e dinheiro. Isso se torna parte do legado espiritual que transmitimos às gerações futuras.

A Mãe Divina orienta-o neste momento a perceber que sua Alma está cada vez mais próxima da iluminação pessoal e está começando a vivê-la, instante a instante. Quanto mais você optar por notar e valorizar esses momento, mais eles acontecerão em sua vida. É a percepção de seu próprio processo de conscientização acontecendo. É muito instigante e, ainda assim, não o afastará do mundo ou de seus entes queridos, como você pode ter temido subconscientemente, amado; ele apenas tornará sua luz mais forte, trazendo bênçãos e paz por intermédio de sua existência no mundo e em seus relacionamentos a cada dia. Sua iluminação pessoal ajudará o planeta de muitas maneiras. Você se tornará uma luz espiritual mais forte para a qual outros podem olhar e, assim, encontrar seu caminho com mais clareza.

Você é convocado a desistir de ideias sobre o que a iluminação possa parecer ou qual a sensação que ela desperta e perceber onde ela já está emergindo em seu interior. Você também receberá orientações sobre sua prática espiritual diária. Você pode querer meditar de um modo diferente, trabalhar com palavras e preces sagradas, as artes de cura Tai Chi ou Chi Gung, ou receber acupuntura ou massagem mais regularmente. Ouça seu coração – ele conhece a unidade e já tem a semente da iluminação dentro de si – e siga sua orientação interna. Esse é o caminho luminoso para a consumação divina e para viver sua iluminação cotidiana. A Mãe Divina é grata a você como parte de seu legado espiritual, um membro da Dinastia da Mãe Divina.

Esta carta também orienta a não temer caso seu caminho espiritual pareça estar perdendo um pouco do foco em favor de questões do dia a dia. Seu foco espiritual voltará no momento certo, mas, por enquanto, olhe para o que está acontecendo em sua vida como uma prática espiritual e confie que você está progredindo com perfeição. A iluminação não tem de ocorrer em um espaço abertamente espiritual. Nossa vida pode ser um templo para o crescimento de nossa Alma se estivermos abertos a isso de coração. Deixe seu coração descansar em paz, sabendo que sua luz espiritual está brilhando reluzente e irradiando profundamente.

Seu Coração Iluminado

Deite-se em silêncio à meia-luz e concentre-se no centro de seu coração. Imagine que há uma luz cintilando em seu coração, que pulsa com sua respiração. Ao inspirar, você sente a luz irradiando com mais intensidade e, ao expirar, você sente a luz se expandindo dentro de você e ao seu redor. Diga suavemente, em voz alta, ao inspirar: "Sinto a luz do amor dentro de mim", e, ao expirar, fale: "Sinto a luz do amor em toda a minha volta". Inspire e expire assim por um tempo, e depois diga: "Eu sou um com a luz do amor em todas as coisas". Descanse, sinta a energia da conexão e permita que ela viaje de seu coração por todo o seu corpo. Quando estiver preparado, abra os olhos.

Oração à Dinastia da Mãe Divina

Amada Kuan Yin, Tara Verde, Mazu, Deusas da Grande Mãe Divina, por favor, ajudai-me a viver minha luz, a viver minha iluminação a cada dia, a conhecer meu próprio Eu e a viver a beleza e a bem-aventurança com paz em meu coração. Gratidão por vosso auxílio. Om Shanti. Sinto vossa Paz em meu coração neste momento. Que todos os seres sintam e conheçam esta paz interior. Om Shanti. Om Mani Padme Hum.

9. Os Oito Imortais

As mensagens que você tem recebido, dizendo que constituem amor incondicional, destemor e coragem de sua parte crescer e ser seu Eu verdadeiro, são de sua Orientação Superior. Os Oito Imortais e outros seres de Luz Divina e Amor Divino o estão guiando. É seguro seguir essas mensagens neste momento. Segui-las lhe trará grande alegria.

Por vezes, você pode questionar se está em contato com genuína orientação espiritual ou alimentando fantasias de seus desejos. A orientação genuína é simples, clara e repetitiva. Quando você pede confirmação, ela vem. Quanto mais aberto você estiver, mais depressa a confirmação pode chegar, na forma de sinais, conversas e acontecimentos afortunados. De fato, confirmação e orientação podem ser instantâneas e vir de múltiplas fontes não conectadas entre si. Como se o Universo estivesse jogando um jogo amoroso e alegre com você. A orientação será inspiradora e útil. Às vezes, ela pedirá que você dê um passo que parece desafiador; contudo, a verdadeira orientação sempre se mostra por pedir a você apenas o que é correto e para o seu bem maior. Ela sempre serve ao bem maior de todos os envolvidos em qualquer situação, não importa qual possa ser nosso medo.

É bom ter cuidado e discernimento quanto à qualidade da orientação que você busca, mas, em geral, é tarefa fácil identificar quando ela não é de qualidade vibracional superior. Ela fará julgamentos, com relação a você ou aos outros e não parecerá correta (mesmo que a orientação genuína pareça pedir que você faça algo inesperado ou algo que você sinta como um passo grande demais, ainda assim parecerá correto em seu coração segui-la). Orientação genuína, mesmo quando desafiadora, traz uma sensação de retidão e paz a seu coração, enquanto conselhos ou pensamentos de vibração inferior, ou fantasias sobre algo que você deseja, não lhe trazem paz profunda, mas apenas confundem e confirmam julgamentos. Eles não estão nem perto de ser úteis!

Peneire seus pensamentos e sensações para chegar à orientação genuína e ao verdadeiro conhecimento espiritual em seu interior neste momento. Você pode invocar os Oito Imortais e qualquer ser que o ame incondicionalmente, e confiar que receberá orientação de qualidade. O processo a seguir o ajudará a ficar calmo e conectar-se com ela por meio de seu próprio coração, amado, que abriga grande sabedoria e paz para guiá-lo.

Cura pelos Oito Imortais

Pegue uma caneta e um pedaço de papel, ou seu diário, e escreva uma carta para a "Orientação Superior que Me Ama Incondicionalmente", informando-a daquilo em que você precisa de conselhos, ou qual orientação você precisa que seja confirmada ou revisada. Escreva a carta, leia-a em voz alta, depois sele-a e coloque-a em um lugar sagrado, talvez em seu diário, ou sob um cristal em seu quarto ou espaço de meditação.

Feche os olhos e visualize Oito seres de amor divino incondicional em torno de você. Diga: "Invoco aqueles seres que me amam incondicionalmente, para que me ajudem fornecendo uma orientação clara, útil, verdadeiramente superior e incondicionalmente amorosa em resposta a minha pergunta. Gratidão, amados, Namastê".

Deixe a carta de lado e volte a relê-la em duas semanas para ver se sua questão já foi respondida por meio de suas experiências de vida até aquela data. Em caso negativo, leia a carta de novo e peça para as respostas serem mostradas de modo que sirvam a seu bem maior, repetindo a visualização e o pedido, se necessário.

Uma Prece para os Oito Imortais

Invoco os Oito Imortais que me amam incondicionalmente e irradiam a luz da paz e do poder espiritual sobre mim neste instante. Vós que compreendeis que independentemente do que aconteça na vida, existem bênçãos disfarçadas ali, por favor, ajudai-me agora a encontrar minha clareza, sabedoria, orientação e verdades para revelar as bênçãos e crescer. Namastê, amados. Gratidão por vossa ajuda! Om Mani Padme Hum.

10. A Imperatriz da Pérola

Você tem um dom interior de grande valor, nascido de luta, adversidade e desafio. Em sabedoria, sabe-se que o sofrimento pode levar ao crescimento, desde que estejamos dispostos a buscar um caminho de cura por meio dele. Ver os desafios como formas de expandir sua luz espiritual lhe dá poder para focar na luz crescente, em vez de ficar preso no sofrimento.

As pérolas naturais são raras, gemas femininas lustrosas, criadas no interior de um organismo vivo, a ostra de pérolas. Elas têm um processo de criação ímpar. Pérolas naturais são criadas quando uma entidade estranha, como um grão de areia ou um parasita, penetra na ostra de pérolas. A ostra reage e cria camadas de substância nacarada, formando um tesouro de brilho delicado dentro de si.

Assim como a bela e rara pérola natural, você tem uma beleza espiritual única para oferecer ao mundo. Sua pérola é seu dom precioso, algo singular que está nascendo por meio de suas experiências e consciência, e que não pode ser criada ou copiada por outra pessoa porque é feita da luz única de sua própria alma.

Quaisquer lutas que você tenha vivenciado são um presente cármico para ajudá-lo a cultivar essa esplêndida oferenda íntima de modo a apoiar a evolução espiritual da humanidade. Uma vez que tenha reconhecido isso, você pode livrar-se de suas lutas mais depressa, usando-as para ajudá-lo a crescer e não acrescentando energia ou foco desnecessários nos problemas, o que poderia estimular o crescimento deles.

Caso tenha percebido que está atraindo energias negativas daqueles que estão à sua volta, ou talvez venha sentindo que foi drenado ou algumas vezes até tomado de pensamentos ou experiências negativos, não precisa ter medo. Você pode curar-se com Kuan Yin agora, permitindo que a turbulência em seu íntimo comece a formar o belo presente que você terá para compartilhar. Do mesmo modo que a pérola começa com irritação e reação, também as circunstâncias de sua vida que produzem sensação de desconforto estão servindo para ajudá-lo a estimular o crescimento de seu dom. Já é tempo de perceber que sua Alma está crescendo em brilho e beleza a serem compartilhados com o mundo. Uma vez que você se dê conta disso, suas lutas serão menores e a luz de sua Alma, mais luminosa ainda.

A Cura da Pérola com Kuan Yin

Feche os olhos suavemente e preste atenção ao fluxo de sua inspiração e expiração. Imagine-se em um lugar tranquilo e perceba uma luz cintilando, brilhante: é a amada Kuan Yin reluzindo dentro de seu coração. Você se sente expandir, ficando maior. Você pode olhar para baixo e observar qualquer irritação, desconforto, negatividade ou medo que lhe venha causando preocupação. Quanto maior a luz em seu interior, tanto menor se torna o problema.

A luz começa a irradiar uma luminosidade nacarada e cálida. Ela envolve o problema com amor, gentileza e paz, camada após camada, até o problema em si desaparecer dentro de camadas intermináveis de luz perolada.

Inspire como que pelo coração, depois diga: "Escolho liberar neste instante quaisquer energias negativas que me drenam ou perturbam; eu as liberto com amor e permito que meu próprio coração Kuan Yin crie sua pérola agora, para o bem maior. Que assim seja".

Expire como que pelo coração e aquiete-se por um momento. Quando estiver pronto, abra os olhos.

Oração para a Imperatriz da Pérola

Com a amada Kuan Yin, Imperatriz da Pérola, como testemunha, transformo a negatividade em luz por meio da compaixão. Qualquer coisa que me cause desconforto, eu a uso para cultivar minha luz, para que se torne maior que esse desconforto, e agora escolho vivenciar a luz de meu ser e seu crescimento espiritual como mais poderosos que quaisquer irritações ou sofrimentos que servem àquele crescimento. Om Mani Padme Hum.

11. Entre no Templo de Jade

Kuan Yin, em seu Templo pacífico de Jade, faz com que todos os conflitos se elevem a uma solução superior e pacífica. A solução e a cura da situação que o preocupa já estão a caminho. De fato, você está sendo chamado a começar a sentir o alívio dessa resolução agora, de modo que possa receber mais prontamente a soluçao divina e a bênção de paz da amada Kuan Yin, quando elas chegarem.

Há momentos no Caminho em que conflitos surgem e lutas emergem. Esses conflitos podem se dar dentro de nós ou parecer estar em relações ou situações externas. Isso pode fazer parte da experiência de vida no plano físico que, na verdade, nos ajuda a elevar nossa vibração a fim de encontrar a unidade e, ainda assim, honrar nossa individualidade.

Existe uma luz espiritual interior, uma luz de Paz, que pode ser trazida para sustentar qualquer situação ou luta, uma energia de paz que pode transformar até mesmo o conflito mais profundo por meio de bênçãos da deusa divina, Sacerdotisa do Templo de Jade, Kuan Yin.

Paz não significa evitar conflitos ou fingir que lutas não existem. Paz é a luz que irradia quando somos capazes de nos colocar acima das ilusões de separação, competição e conflito para buscar a consciência onde somos de fato todos um em Amor Divino e estamos todos servindo ao Caminho da Luz – à nossa própria maneira ímpar – juntos. A energia de um nível tão alto de consciência genuína é transformadora. Ela nos permite abandonar julgamentos, bem como qualquer necessidade de provar nossa capacidade ou nosso valor para os outros. Em vez disso, podemos simplesmente viver nossa vida e permitir que os outros façam o mesmo, com mais paz em nosso coração. Os conflitos tornam-se uma oportunidade para crescer ainda mais em paz interior e aceitação amorosa de todos os caminhos, e para aprender o desapego e a confiança.

É necessário uma Alma madura para invocar paz porque não se trata de uma forma de evitar conflitos: é um modo de usar o conflito como uma ferramenta espiritual por meio da qual crescer é tornar-se maior que o conflito, permitir que cada ser escolha seu próprio caminho de crescimento, e convocar o gênio espiritual do divino, que é capaz de fornecer soluções aptas a trazer paz a todos.

A Deusa Divina lhe fala agora e diz que sua solução está assegurada. Tenha fé, esteja preparado para abandonar seu ponto de vista e receber um novo que lhe será útil e trará paz em um nível superior de realidade. Não se trata mais de certo ou errado, mas de caminhar em direção à paz e à resolução, a mais alegria e mais prazer. Você é plenamente capaz disso e desfrutará a maravilha do processo de cura conforme se render ao Templo de Jade, o lugar de paz onde Kuan Yin preside como Sacerdotisa e Guia. Ela concede bênçãos de cura às situações de sua vida neste momento. Este oráculo é a confirmação de que, se você vem lutando, um tempo de pausa e paz está prestes a chegar a sua vida.

Cura no Templo de Jade

Com os olhos fechados, veja, perceba e sinta ou imagine-se sentado em um magnífico templo feito de jade leitoso. As paredes, bancos, altar com entalhes e estátuas são todos feitos de vários tons de jade – verde, lavanda, creme, laranja-claro, vermelho e branco. No altar principal do templo você vê um grande lótus entalhado em jade e sente um grande amor emanando dele. Você sente uma paz profunda e percebe que Kuan Yin está em pé no altar, atrás do lótus, sorrindo para você.

Diga em voz alta: "Clamo agora pela resolução pacífica de qualquer situação ou problema em que eu esteja envolvido, consciente ou inconscientemente, por intermédio da Graça Divina da Amada

Sacerdotisa do Templo de Jade, Ma Kuan Yin. Possa eu ser um vaso de paz e luz em minha vida. Om Shanti. Que haja paz. Om Mani Padme Hum".

Permita que a energia do templo, do lótus no altar e da amada Kuan Yin fluam para sua aura, levando-o a um lugar de rendição pacífica, onde as soluções surgirão e poderá ocorrer uma grande cura.

Quando estiver pronto, fique atento a seu coração e abra os olhos.

Oração do Templo de Jade

Om Shanti. Om Shanti. Om Mani Padme Hum. Om Shanti. Om Shanti.

Que todos os seres conheçam a paz profunda e as bênçãos da amada Sacerdotisa da Paz, Kuan Yin. Possa o cerne de todo conflito ser resolvido no Templo de Jade. Om Shanti. Om Shanti. Om Mani Padme Hum. Om Shanti. Om Shanti.

12. Os Portões do Paraíso

Todos os seres possuem um destino espiritual último de felicidade e liberdade. A Amada Kuan Yin irradia incansável compaixão sobre toda a Vida para esse fim. Ainda assim, por vezes, apegos, seres, entidades e elementais de vibração inferior ficam com medo do amor divino e acreditam que o melhor a fazer é esconder-se em campos de energia humanos. Isso bloqueia o progresso em direção à libertação, onde seres humanos e seres de vibração inferior podem atravessar os Portões do Paraíso para passar a um estado de paz e bem-aventurança, o retorno para casa, para a Fonte espiritual de toda a Vida.

Às vezes, precisamos ajudar os seres a encontrarem seu caminho para a luz. Eles podem ficar presos a energias, pessoas, lugares ou coisas terrenas. Como se tentassem entrar em uma cidade proibida, eles esforçam-se por residir onde não deveriam, no interior da luz do campo de energia humano, em vez de progredir espiritualmente em sua própria jornada através dos Portões do Paraíso, para uma consciência maior de bem-aventurança. Algumas vezes isso acontece porque, embora a jornada possa ocorrer, para a consciência de seres com vibrações inferiores ela não parece possível.

Você talvez sinta conscientemente ligações ou uma presença espiritual que não é de vibração superior e que precisa ser libertada de seu campo de energia, ou pode simplesmente sentir raiva, cansaço, esgotamento ou que "não é você mesmo" de vez em quando. Isso pode ser por causa de velhas energias que você precisa liberar por não lhe pertencerem, ou até em virtude de influências energéticas que não são uma parte natural de seu campo de energia e podem ser liberadas para o bem maior de todos os envolvidos. O processo de cura a seguir o ajudará, mesmo que você não esteja ciente das complicações por trás da razão de você estar sentindo o que se sente.

Você pode ter acabado de fazer uma limpeza, caso em que o oráculo é uma confirmação de que ela está funcionando; ou, se você perdeu recentemente alguém amado, é uma confirmação de que ele está fazendo a passagem e está em paz, mas poderia beneficiar-se também de suas preces amorosas para ajudá-lo em seu caminho.

Este oráculo pode também indicar uma habilidade psíquica que você possui de ajudar seres não físicos a encontrar seu caminho para uma consciência mais pacífica. Se você acredita que este pode ser o caso, talvez seja proveitoso buscar treinamento com praticantes experientes que abordam essa tarefa com amor e bondade no coração.

Este oráculo é ainda uma mensagem de que será benéfico chamar de volta todas as suas partes de si mesmo; que deixar qualquer parte de você ligada ao campo de energia de outra pessoa por medo (quer lhe tenham dado ou não permissão ou encorajamento para isso) já não o ajudará a crescer. Chegou o momento de ter seu próprio poder e não mais tentar entrar na Cidade Proibida do campo de energia do outro; em vez disso, busque atravessar os Portões do Paraíso e morar no Palácio da Luz dentro de seu próprio coração, amado.

Cura por meio dos Portões do Paraíso

Concentre-se em seu coração e imagine que você pode olhar através da coroa de sua cabeça e ver uma estrela brilhante de luz acima de você, de pura luz branca, com pequenos pontos de luz neon violeta nas bordas e no centro. Imagine essa luz derramando-se pela coroa de sua cabeça, formando uma estrela de luz acima da cabeça, no centro da testa, no centro cardíaco e no umbigo, e depois abaixo dos pés. Imagine a luz derramando-se, alimentando essas estrelas e inundando-o como um rio de luz.

Diga: "Por meu próprio livre-arbítrio, como um ser soberano de luz, agora dissolvo e desintegro qualquer contrato de permissão que eu tenha dado, consciente ou inconscientemente, nesta ou qualquer vida, a qualquer ser que não me ame incondicionalmente, de se ligar a meu campo de energia. Liberto agora todos esses seres, entidades, vínculos ou inclusões de todas as dimensões de meu campo de energia e de meu corpo. Liberto-os agora com amor e paz e queimo todos os contratos associados a eles que eu já tenha feito, pela graça divina e de meu próprio livre-arbítrio, que assim seja".

Em seguida, visualize ou sinta que há uma luz rosa suave à sua frente e diga: "Invoco agora os seres que amam e servem a este processo incondicionalmente, para manterem amor incondicional e luz neste lugar". Envie amor para essa luz rosa e diga: "A todos os seres e inclusões que agora estão deixando meu campo de energia, vocês estarão seguros e serão amados, aceitos e alimentados nessa luz rosa de amor incondicional. Vocês se sentirão ótimos! Vocês podem ir a essa luz agora, se quiserem, ou voltar à Fonte ou à Terra, se assim escolherem, mas devem abandonar meu campo de energia permanentemente agora, pela graça amorosa de Kuan Yin e de meu próprio livre-arbítrio, que assim seja".

Permita que o amor cresça. Quando ele começar a decair, você saberá que o processo está completo. Foque na pura luz branca com pontos violeta neon derramando-se por seu ser durante mais três respirações lentas.

Quando estiver pronto, abra os olhos.

Uma prece para Libertação por meio dos Portões do Paraíso

Que todos os seres sejam felizes e livres! Que todos os seres sejam felizes e livres! Que todos os seres sejam felizes e livres. Lokah Sumastar Sukinoh Bhavantu. Om Shanti, Shanti, Shanti. Om Mani Padme Hum.

13. Ouça a Mãe Tigresa Amarela

Às vezes, devemos ser fortes e permanecer verdadeiros enquanto tudo à nossa volta parece deslocar-se e mudar. A Mãe Tigresa Amarela, Kuan Yin, em seu papel de Guardiã, está dando seu rugido divino dentro de você. Ela lhe pede para ouvi-la, lembrar-se de que você é um poderoso ser de luz e, mesmo quando está fluindo com as forças universais, suas raízes fortes o ajudam a estar em paz com sua verdade, mantendo-se firme enquanto sua luz brilha em verdade.

Em nossa rendição às forças divinas, existem ocasiões em que devemos ser flexíveis e fluir, e há épocas em que a rendição está em manter-se firme e ser fiel a sua sabedoria interior. Existem verdades internas que sabemos que valem o esforço de cultivarmos força suficiente para honrá-las em nossas vidas: são as verdades da bondade, da compaixão, do direito de cada ser individual ser espiritualmente livre e amado, etc. A mãe tigresa amarela ruge dentro de você. Ela é uma selvagem tigresa protetora e o amarelo é sua força e sabedoria douradas. Ela o exorta a ouvir-lhe o som interno e a confiar em si mesmo – você sabe quando precisa manter-se firme e não se deixar levar!

Você é mais poderoso, forte e corajoso do que pode imaginar. Sua força não é teimosia ou resistência, é agarrar-se ao que sente ser verdadeiro em seu coração e, com o tempo, você perceberá a sabedoria de sua coragem. Sua força, neste momento, é necessária, como um escudo protetor, fornecendo nutrição a uma planta jovem; sua força e recusa em ser dissuadido de suas verdades ajudam seus sonhos e seu caminho superior a continuarem a se manifestar. Permita-se ouvir a Mãe Tigresa Amarela, que o presenteia com poder, força e conhecimento. Tenha coragem e permaneça fiel a si mesmo, amado.

Ouvindo a Mãe Tigresa Amarela

Se você não puder fazer este exercício fisicamente, visualize-se fazendo-o.

Fique em pé, com os pés firmemente ancorados no chão. Balance-se de leve sobre os pés, sentindo onde os quatro cantos deles se conectam ao chão, e depois dê alguns pulinhos, sem retirar totalmente os pés do chão. Sinta realmente sua ligação com o chão e seu peso sobre ele, distribuídos totalmente pelos pés. Coloque a mão direita em seu plexo solar, um pouco abaixo de suas costelas, a mão esquerda na parte superior do peito, e diga em voz alta: "Eu sou um corajoso ser de luz. Estou em alinhamento com as Forças Universais e a Verdade é minha aliada poderosa; não preciso forçar ou defender, simplesmente permaneço leal à minha verdade, agora e sempre, por meu próprio livre-arbítrio. Ouço o som da Mãe Tigresa Amarela, Kuan Yin, dentro de meu ser, emergindo agora!"

Se quiser rugir, faça-o! Projete sua língua para fora e sinta o poder da Tigresa em seu íntimo. Mais poder para você, amado.

Prece da Mãe Tigresa Amarela

Kuan Yin, amada Mãe Tigresa Amarela, preciso de coragem e força neste momento para ser fiel a mim mesmo e permitir que minha própria luz deite raízes e cresça; nutre-me com tua força de espírito para que eu possa perceber que também eu tenho tua força dentro de mim – é minha força, meu coração corajoso. Ajuda-me agora, amada, a perceber minha coragem e ter paz em meu coração. Sinto o rugido de tua coragem e força dentro de mim e percebo que essa é minha própria coragem também. Gratidão por ajudar-me a perceber isso, amada Tigresa. Om Mani Padme Hum.

14. Tesouros Imortais

Você carrega dentro de si Tesouros Imortais, amado. Eles existem para além da vida e da morte – pertencem aos reinos paradisíacos celestiais da presença Divina em você. Kuan Yin orienta-o agora a honrar esses tesouros, os dons de sua Alma, que incluem a habilidade que você tem de transmitir cura. Honre a si mesmo como um Curador, amado. Seja formal ou informalmente, sua Alma traz uma luz especial de cura para a humanidade. Você tem a sustentação divina em seu papel de curador, de qualquer forma que seja, comum ou altamente incomum, que está se revelando para você agora.

Cada Alma é única e preciosa a seu modo. Determinadas Almas têm a luz da cura. A sua é uma dessas Almas. Sua presença neste planeta traz luz e esperança aos outros, às vezes de maneiras que você não reconhece conscientemente. Kuan Yin está com você, orientando-o a abrir-se à percepção e à utilização dos Tesouros Imortais que jazem em seu interior, a luz e os dons belos de sua própria Alma Divina.

Apenas lembre-se de se cuidar também. Um copo vazio não pode encher outro. É melhor permitir que seu copo interior esteja espiritualmente cheio, e emocional e fisicamente reabastecido por meio de um autocuidado equilibrado, um pouco de indulgência equilibrada com disciplina amorosa e limites que fazem com que você se sinta interiormente seguro e protegido. Para encontrar a maneira correta de cuidar de si mesmo, explore o que pode funcionar para você. Pode ser ioga e meditação, algum tempo sagrado por dia para sentar com um cristal ou falar de coração com seus Mentores, um retiro de saúde, tempo junto à natureza, um bom livro e algum tempo rindo ou brincando com seus entes queridos. Sua habilidade de cura encontrará novos níveis de poder e força pela exploração do autocuidado. Os Tesouros Imortais da Alma devem ser compartilhados com respeito amoroso a seu próprio Eu, bem como ao dos outros.

Este oráculo também pode indicar que será útil buscar a cura de um problema que você vem enfrentando e ainda não foi resolvido. Se está planejando visitar um curador ou fazer uma pausa com relação a uma situação estressante, esta carta o apoia para fazê-lo. Você talvez precise apenas de uma oportunidade para recarregar-se, e sair de cena por um tempinho pode ajudá-lo a suprir essa necessidade. Você também pode beneficiar-se, caso sinta tal inclinação, de uma cura com outra pessoa. Confie em sua intuição e permita-se honrar sua própria luz especial e também a necessidade que você pode ter de receber cura apenas para si mesmo desta vez. Kuan Yin o ajudará a encontrar o caminho. Os processos a seguir o ajudarão a recebe a ajuda d'Ela.

Cura pelos Tesouros Imortais

Sente-se ou deite-se em um lugar tranquilo, de preferência com música suave e seu telefone desligado, certificando-se de que esteja aquecido o suficiente e, então, feche os olhos. Diga num sussurro: "Agradeço por esta cura de todos os níveis de meu ser pelo amor incondicional de Kuan Yin. Gratidão, amada. Om Mani Padme Hum".

Concentre-se no fluir de sua respiração e então veja, perceba, sinta ou imagine que você está sendo banhado em um oceano de luz verde-esmeralda. Esse oceano de luz torna-se azul real e, em seguida, um roxo intenso. Quando se sentir pronto, o oceano de luz finalmente se torna dourado, envolvendo-o em espirais de energia dourada exuberante.

No interior da espiral de luz você nota uma coleção dos mais magníficos tesouros, belos e cintilantes, radiantes de beleza. Você percebe que esses tesouros são feitos de pura luz e consciência, dançando e tomando forma. Sinta o júbilo em seu coração ao perceber a vivacidade desses tesouros, que brilham com um belo fogo divino interior. Saiba que tais tesouros são expressões de sua própria Alma e seus tesouros imortais, que repousam em seu interior.

Quando estiver pronto, agradeça e abra os olhos.

Prece dos Tesouros Imortais

Amada Kuan Yin, possa eu sentir a compaixão que tens por mim nas profundezas de meu próprio ser. Que eu tenha compaixão para comigo do mesmo modo que a tenho pelos outros. Possa eu aceitar e satisfazer minhas necessidades de bem-estar e satisfação. Que eu receba cura com graça e gratidão. Abro-me agora para receber, ativar e irradiar integralmente os Tesouros Imortais de minha própria Alma Divina. Ajuda-me, amada mãe, a fazer isso com amor, confiança e graça. Om Mani Padme Hum.

15. A Deusa Cisne de Marfim

A Deusa Cisne de Marfim fala da graça e pureza espirituais. A pureza da luz de sua Alma nunca desvanece, amado. Abandone a culpa, a vergonha, o julgamento ou o medo de que você não seja bom o suficiente em qualquer sentido, para que você possa perceber sua beleza, ser mais você mesmo e irradiar o brilho de sua essência divina ao mundo.

Não desvie seu olhar, evitando perceber sua própria luz interior divina em toda a sua pureza e brilho, amada Alma. Você talvez considere mais fácil acreditar na ilusão dos pecados e da indignidade do que na verdade de sua inocência espiritual. Não obstante, assim como a pureza, a beleza e a graça da Deusa Cisne de Marfim, sua própria Alma é luminosa, pura e eternamente graciosa. Você é instado a reconhecer a energia divina dentro de si sem privar-se de autoaceitação e respeito incondicionais. É hora de aceitar sua divindade em maior medida, estar atento à luz pura em seu interior e não tentar ignorá-la, subestimá-la ou temer que ela não seja suficiente.

Independentemente do que tenha acontecido em sua vida, ou de suas experiências ou das escolhas que você tenha feito, a luz de sua Alma é tão pura como a fonte divina em si, porque em essência é isso o que ela é! Não é preciso ter vergonha ou sentimentos de inadequação no âmbito espiritual. A luz dentro de todos nós é exatamente a mesma. Apenas estamos em estágios diferentes na capacidade de manifestá-la.

Kuan Yin, Deusa Cisne de Marfim, deseja conceder-lhe graça divina, amada Alma, para auxiliar seu crescimento espiritual neste momento importante de seu Caminho. Para que tal ocorra, você deve estar disposto e apto a receber esta graça. Ao escolher deixar que a vergonha seja apenas um sentimento e abrir mão dela, ao escolher não dar poder a julgamentos, condenações ou críticas com relação ao Eu, oriundos de você ou de outras pessoas, você estará percorrendo a senda para recordar a pureza essencial da Alma de todos os seres. Essa é uma senda de paz e alegria. Você torna-se capaz de ver o deus e a deusa brilhando em você diante das mais improváveis experiências, situações e pessoas. Você está abrindo-se para receber a graça que a amada Kuan Yin deseja compartilhar agora, para ajudá-lo a viver com mais alegria nesse estado de recordação espiritual. Permita que ela o abençoe com sua graça à medida que você se lembra da pureza espiritual de seu próprio ser, livre de máculas, julgamentos ou falhas.

Cura com a Deusa Cisne de Marfim

Encontre um lugar tranquilo, reservado, com uma caneta e seu diário. Sente-se e escreva uma carta para si mesmo, vinda de seu Eu Superior, a qual esteja repleta de amor incondicional. Essa carta deve afirmar que agora você se ama incondicionalmente, que não se julga ou condena, que se perdoa por ser humano e precisar aprender lições, e que está pronto para abandonar a vergonha e a culpa para poder ser, com mais perfeição, quem você é de verdade. Você pode acrescentar à carta qualquer outra declaração de aceitação e amor incondicionais de sua Alma. Não importa se você acredita integralmente no amor incondicional em suas palavras – você acreditará quando for a hora; e por que não começar a cultivar essa capacidade superior de aceitação amorosa agora mesmo?

Diga suavemente: "Amada Kuan Yin, tu encontraste traição, violação, abuso e incompreensão em tua vida e, não obstante, ascendeste como uma Alma pura de luz e profunda compaixão, um ser de graça, uma Deusa Cisne de Marfim. Peço agora teu testemunho para esta carta da Alma; ajuda-me a abrir meu coração para receber tua graça".

Em seguida, leia sua carta em voz alta, com amor. Se surgirem sentimentos enquanto você lê, apenas os deixe vir e ir, sem apego ou medo; permita-se simplesmente liberá-los. Imagine a luz pura de Kuan Yin irradiando de dentro de você, cada vez mais brilhante, uma luz que abre as asas brancas de um cisne, com luz suave e pura como marfim leitoso. Essa é a cura da Alma, acontecendo em seu coração enquanto você lê sua carta. Você pode querer completar sua Cura da Deusa Cisne de Marfim com a prece sugerida a seguir.

Prece da Deusa Cisne de Marfim

Amada Kuan Yin, Mãe de Paz, Beleza e Compaixão, a Luz em ti é a mesma Luz em mim. Ajuda-me a estar em paz com minha pureza e inocência eternas. Deusa Cisne de Marfim, por favor, ajuda-me a abandonar velhas crenças e experiências de vergonha, autocondenação ou julgamento que já não me sirvam. Agora honro e aceito total e completamente que a Luz em Ti é a mesma Luz Divina em Mim. Om Mani Padme Hum.

16. A Donzela Ma Gu

A Donzela Ma Gu, Deusa da Primavera, da cura e da transformação, traz-lhe auxílio agora. Você é convidado a reconhecer que a luz pode vir até mesmo dos inícios mais sombrios, amado. De fato, por vezes precisamos entrar nas partes desconhecidas de nós mesmos para encontrar exatamente aquilo de que necessitamos para crescer em paz, autossatisfação criativa e felicidade. O desafio pode ser confiar que tornaremos a sair desse lugar escuro. Assim como a Primavera sempre se segue ao Inverno, amado, também qualquer trabalho interior com a sombra precederá uma belo renascimento para você.

A Donzela Ma Gu, uma expressão imortal da Divina Mãe do Oriente, agora lhe traz uma mensagem especial de Kuan Yin. Ela o orienta a confiar que, se você entrar na escuridão de partes desconhecidas de si mesmo, emergirá na luz, reconstituído e renascido mais uma vez. Se você está vivendo um período de caos por estar permitindo seu próprio crescimento, a Donzela Ma Gu também lhe assegura que a ordem e a luz emergirão do caos no tempo devido. Tenha fé e continue crescendo!

Para crescermos espiritualmente, há momentos em que simplesmente temos de esquadrinhar nosso interior e encontrar nossa sombra. É mais fácil perceber o efeito da sombra que a sombra em si. O efeito da sombra é o julgamento – positivo ou negativo – do outro, que não pensamos estar relacionado conosco pessoalmente. Podemos admirar ou desprezar vigorosamente características ou traços nos outros, mas, quando tais julgamentos surgem, é uma parte de nós que busca ser integrada e expressa, tentando chamar nossa atenção por meio de nosso julgamento. Perceber nosso julgamento dos outros é o meio mais rápido de entrar em contato com o Eu-Sombra que tenta crescer e curar-se em nossa percepção consciente, de modo que possamos nos tornar mais inteiros, fortes e divinamente agradáveis, como fomos criados para ser! Isso é especialmente válido se você puxou a carta d'O Vale das Sombras junto com a d'A Donzela Ma Gu.

Seu julgamento pode ser uma forte reação a uma pessoa que parece ser egocêntrica e obcecada por si mesma. A Sombra do Eu que tenta comunicar-se com você por meio desse julgamento pode ser a parte de sua própria consciência que deseja dar maior apoio ao Eu. Ela já não permitirá que você se coloque atrás dos outros, mas, em vez disso, o encorajará a expressar-se e assumir seu espaço com presença!

Admirar um grande talento em outra pessoa por intermédio de uma forte reação ou julgamento – positivo ou negativo – pode ser uma parte de sua própria psique desejando crescer e expressar-se com a mesma confiança e liberdade.

Pode ser surpreendente a quantidade de maravilhas que estão escondidas nas partes de nós que ainda não conhecemos conscientemente. Por vezes, há raiva, medo, ciúme ou vergonha recobrindo essas partes ocultas do Eu. Se pudermos ser amorosos e permitir que os sentimentos surjam e passem sem temê-los, então a beleza subjacente também acabará por revelar-se.

Você está sendo guiado pela Mãe Divina Kuan Yin, por meio da Donzela Ma Gu, a perceber que existe uma parte de sua interioridade que está tentando emergir. Talvez você venha fazendo julgamentos de outras pessoas no tocante a uma questão ou traço, julgamentos que lhe pareçam mais repetitivos ou aparentes ultimamente. Você é orientado a notar que beleza em seu interior pode estar por trás desses julgamentos, tentando abrir caminho até sua percepção consciente, trazendo-lhe mais de seu Eu para desfrutar o mundo e compartilhar com ele. Tenha paciência e abertura enquanto aguarda o auxílio de sua intuição para perceber o que está crescendo dentro de você, desencadeando seu julgamento do outro. Se você vê raiva nos outros, isso será força crescendo em você. Se é manipulação que você vê nos outros, isso sinalizará o crescimento do desejo de ser direto e dono de suas necessidades interiores. A Sombra contém grande beleza interior, amado, e não é preciso temê-la.

A bênção especial da Donzela Ma Gu para você é a percepção de que você logo entrará na Primavera do renascimento com esse processo. Entrar no Eu-Sombra pode trazer a sensação de se estar entrando em um Inverno espiritual – pode parecer escuro e solitário mergulhar nas partes de nós que talvez preferíssemos não ver tão de perto! Permita esse processo que está acontecendo com você, de modo a trazer mais de si mesmo à luz. Não tenha medo! Pode ser que você não estivesse preparado para ver-se como um ser forte, espiritual, musical, criativo, saudável ou talentoso no passado, mas agora está mais preparado para tal – portanto, abrace essa realidade. Tenha confiança na amada Kuan Yin e saiba que essas energias apenas buscam expressão quando a psique está pronta.

Esta carta também indica que, se você tem trabalhado em um projeto, seja de autocura e trabalho com a sombra, ou um projeto criativo, ou está buscando trabalhar com crianças, renascimento ou empreendimentos criativos de um modo geral, a estruturação disso como uma nova realidade para você é iminente.

Cura com a Donzela Ma Gu

Feche os olhos e sente-se confortavelmente.

Imagine que você está sentado com a bela Deusa da Primavera Ma Gu, com sua cesta de flores recém-abertas caindo em torno de você. É um belo dia ameno de Primavera e você está em um campo sagrado de flores. Ela aponta para frente e você sente a aproximação de alguém.

É você, mas um você futuro, mais pleno e completo, com uma mensagem para você de seu futuro mais elevado possível. Deixe que essa parte de si mesmo fale com você e lhe traga amor e qualquer orientação que lhe seja útil ouvir neste momento. Você talvez não escute as palavras; nesse caso, apenas busque o amor em seus olhos refletidos de volta para você, ou imagine que o futuro você e o atual você podem tocar o coração um do outro, pousando gentilmente a mão no peito um do outro.

A Donzela Ma Gu espalha flores ao redor de ambos. Quando estiver pronto, acompanhe sua respiração e volte para seu corpo no aqui e agora. Sente-se por alguns instantes, tranquilamente, sem pensar em nada e, quando sentir que deve, abra os olhos.

Prece de Cura Primaveril de Kuan Yin e da Donzela Ma Gu

Amada Kuan Yin e Deusa da Primavera, Donzela Ma Gu, gratidão por vossa ajuda de amor incondicional neste momento. Peço ajuda para me conhecer mais completamente e permitir àquela parte de mim que agora busca expressão que venha à minha consciência de forma amorosa e encorajadora. Possa eu conhecer e viver todo o meu ser, amadas, e que minha vida seja repleta de luz, energia e calor, como a Primavera depois do Inverno, para o bem maior de todos. Om Mani Padme Hum!

17. As Muitas Mãos da Deusa

A Deusa Kuan Yin traz bênçãos a múltiplos projetos e a muitas partes diferentes de sua vida e consciência, amado. Ela não está limitada a uma tarefa por vez. Não tenha medo de render-se a sua sábia orientação e gênio criativo agora, porque existe muito que vocês podem realizar juntos e ela quer auxiliá-lo!

Costumamos criar mais quando focamos em um projeto de cada vez, acompanhando-o até a finalização e, então, passando ao seguinte. Por vezes, nossa atenção precisa estender-se a vários projetos, especialmente se você tem muita energia criativa, natural à sua disposição. Você pode temer estar sendo exigido além de sua capacidade de ser produtivo, que sua energia criativa está sendo dissipada pela alternância entre um projeto e outro, e que você não termine nada!

A orientação da Deusa Kuan Yin é entregar suas preocupações e intenções a ela e então deixar que ela o guie. Quando se sentir fortemente inclinado a trabalhar em um projeto em particular, talvez focar nele por algum tempo, faça-o. Quando sentir que deve afastar-se e descansar, faça-o. Durante o descanso você irá recarregar-se, alcançar uma nova perspectiva e voltar mais produtivo a seu trabalho criativo. É uma parte essencial do processo! Confie que ela o está inspirando, guiando e instruindo por meio de sua própria intuição, de modo que seus projetos e desejos criativos se manifestarão com a sabedoria mais elevada e na melhor ordem e ocasião. Você não tem de se preocupar, achando que está fazendo coisas demais ao mesmo tempo, apenas precisa deixar Kuan Yin guiá-lo e seguir os impulsos dela com fé. Não tenha medo de abandonar projetos a ela: mesmo se eles parecerem ter sido tirados de suas mãos por um tempo, quando chegar a hora eles voltarão para você, talvez em uma forma revisada, mais alinhada com sua essência divina.

Com as Muitas Mãos da Deusa auxiliando-o por meio de seu coração confiante, você realizará mais do que imaginou possível, auxiliado pelo Universo de modos visíveis e invisíveis.

Cura Pelas Muitas Mãos da Deusa

Feche os olhos e perceba uma Kuan Yin de muitos braços brilhando intensamente acima da coroa de sua cabeça. Imagine-se subindo através da coroa de sua cabeça para encontrá-la. Diga: "Divina mãe de muitos braços, abençoa meus projetos e desejos para que possam manifestar-se em amor incondicional e para o bem maior. Entrego-me a tua sabedoria e poder criativo. Confio em tua orientação por meio de meu próprio coração. Namastê, amada. Om Mani Padme Hum".

Entregue de boa vontade seus desejos, projetos e manifestações a ela, vendo-a pegar um em cada uma de suas incontáveis mãos, e veja que ela o abençoa na coroa, na testa e no coração com outras três de suas mãos sagradas.

Pense: "Gratidão!" e, quando estiver pronto, abra os olhos. Ouça atentamente seu coração e tenha fé em seus impulsos internos nos dias, semanas e meses seguintes e suas criações serão sublimes.

Uma Prece para as Muitas Mãos da Deusa

Mãos que curam e abençoam, mãos que elevam e fortalecem, mãos que guiam e mãos que protegem. Om Kuan Yin, Aquela de Muitos Braços que é Mãe de Misericórdia e Compaixão, eu recebo tuas bênçãos e teu auxílio neste momento, pelo meu bem maior, que assim seja. Om Mani Padme Hum.

18. A MÃE ARDENTE

A Mãe Ardente é sua Guardiã. Nada pode penetrar o fogo ardente de seu amor destemido. Sua segurança está garantida, amado. Em meio a qualquer aparente desafio ou ameaça, não importa quão aterrorizante possa parecer e quão inseguro você possa sentir-se quanto a dar um passo em seu caminho espiritual rumo a um poder maior, saiba que você está seguro, você está protegido, você é amado.

Amado, você está crescendo espiritualmente e, às vezes, isso provoca reações nos outros. As reações podem ser amorosas e de apoio, encorajadoras e de aprovação. Muitos escolherão ser inspirados por seu crescimento. Por vezes, contudo, surgirão reações de vibrações mais densas, que podem ser de medo, insegurança, ciúme ou raiva. Essas reações surgem para que possam ser curadas. A cura para você está em escolher permitir-se brilhar e não ser diminuído pelo processo de cura do outro. Para o outro, a cura é sua jornada, e você prestou-lhe um grande serviço. Saiba que você não precisa ter medo nem se limitar por medo.

Não há nada que escape ao conhecimento da amada mãe Kuan Yin. Como Mãe Divina de compaixão e proteção ardentes, ela vê tudo, sabe tudo, abençoa tudo. Ela pode elevá-lo acima do medo e da ameaça, amado, para um lugar de unidade com o amor divino que o protege contra quaisquer ameaças possíveis, e lhe proporciona paz.

Para beneficiar-se ao máximo de sua proteção, você precisa confiar na Luz dela e perceber que ela brilha através de sua própria luz interior e que, em verdade, Ela e Você são um. A partir dessa perspectiva, você consegue perceber que tem o direito de dizer "não" a quaisquer energias de medo ou dúvida que visem causar-lhe algum mal. O mal vem de vibrações mais baixas. Ele não precisa ser temido, mas necessita ser encarado com assertividade e compaixão. Kuan Yin ajuda-o neste momento a manter sua paz interior diante de qualquer energia de vibração mais densa, para que você possa ser bondoso e aceitar a essência divina em toda a existência, não importa quão pesadamente velada a divindade pareça estar, e, ao mesmo tempo, permanecer assertivo de que apenas vibrações de amor incondicional sejam bem-vindas em seu campo de energia.

Uma Cura com a Mãe Ardente

Sente-se confortavelmente e diga em voz alta: "Invoco agora o amor incondicional e a proteção divina de Kuan Yin, como a Mãe Ardente". Perceba ou imagine um enorme anel de fogo dentro do qual está uma bela deusa, sentada em postura meditativa, com muitos braços abertos em leque à sua volta e muitos rostos que tudo veem. Ela vê, protege e abençoa em todas as direções. Imagine que o chacra do coração da deusa queima com um fogo pacífico no centro de seu ser, e você pode entrar no coração dela agora. Imagine qualquer medo ou ameaça, qualquer insegurança ou ataque sendo queimados no brilho do coração dela. Sinta a paz dentro do coração dela e dentro de você. Diga em voz alta: "Rendo-me à luz e à proteção do coração da mãe divina, ardente de amor e compaixão. Nenhum mal pode penetrar sua paz. Om Mani Padme Hum. Om Mani Padme Hum. Om Mani Padme Hum".

Uma Oração para a Mãe Ardente

Leva-me para dentro de teu coração, amada Kuan Yin, ardente de amor, onde o fogo puro da paz queima eternamente. Que eu seja abençoado com paz e proteção agora e sempre. Possa eu sentir a proteção amorosa de tua consciência dentro de meu próprio coração. Om Shanti, amada. Om Mani Padme Hum.

19. A MÃE DE MISERICÓRDIA

Como um Sol que brilha intensamente, lançando uma forte sombra, seu poder espiritual crescente precisa ser expresso com a consciência de que ele terá um efeito sobre os outros, mesmo que você não tenha plena percepção desse efeito. Para criar paz na expressão de seu poder, invocamos a Mãe de Misericórdia. A Misericórdia equilibra enorme força e poder com bondade, gentileza, compaixão e cuidado. A Divina Kuan Yin traz a qualidade da Misericórdia a você, agora, como uma dádiva divina, encorajando-o a cultivar a misericórdia em suas relações com os outros. Você também a recebe para si neste momento.

Emanações de Misericórdia ocorrem quando estamos sem recursos. Talvez tenhamos nos desencaminhado, ficamos incapazes de encontrar nosso caminho ou causamos alguma consequência importante, para o bem ou para o mal, a qual não pretendíamos. Pode até ter sido por nossas mãos que causamos tal situação, sem intenção ou maldade. Simplesmente procedemos de determinada maneira porque ainda não tínhamos adquirido a sabedoria necessária para evitá-la. Ou talvez nossa própria orientação interior nos levou conscientemente à escuridão para que pudéssemos aprender algo valioso e nós ficamos como que presos ali! Quem sabe andamos prejudicando os outros com nossa própria inconsciência. Talvez estivéssemos sofrendo uma lição cármica pesada desta ou de outra vida e nossa Alma esteja lutando para de fato integrar a lição e sentir-se livre para elevar-se e seguir adiante. É possível que estejamos em uma situação com outra pessoa, situação em que temos grande poder. Pode ser como genitor, professor, curador ou chcfc. Pode até ser uma posição menos óbvia de poder em que poderíamos tirar vantagem dos cuidados do outro em relação a nós para garantir o que queremos. Essas situações clamam pela qualidade da misericórdia divina.

A Misericórdia Divina da Mãe Celestial nos guia a um lugar onde podemos parar o ciclo de manipular ou ser manipulado, de crueldade ou inconsciência. Orar por Misericórdia é uma prece poderosa. Kuan Yin derrama o néctar da Misericórdia de seu vaso de marfim nos corações daqueles que a invocam. Se você estiver em uma situação, em quaisquer dos lados da história, quer se sinta poderoso ou impotente, na qual existe manipulação, medo, conflitos, dor ou sofrimento, invoque a Mãe de Misericórdia agora. Você é orientado por este oráculo a aceitar a dádiva espiritual que ela lhe oferece. Ainda que a situação não pareça tão dramática, felizmente, aquela dádiva abrandará qualquer agravamento cármico e evitará que a situação piore. Ela ajudará inclusive a desfazer os efeitos negativos do que já se desenrolou. Essa assistência espiritual é oferecida à humanidade a partir de um lugar de respeito amoroso, bondade e grande poder espiritual. Graças a Kuan Yin, Mãe de Misericórdia, que vela por nós com amor atencioso, e cuida de nosso progresso espiritual.

Cura com a Mãe de Misericórdia

Deite-se confortavelmente com os olhos um pouco fechados e concentre-se em seu coração. Imagine uma suave luz marfim brilhando em seu coração. Esse é o Vaso de Kuan Yin, que contém o Néctar de Misericórdia. Imagine que você pode acompanhar a respiração e observar dentro do vaso. Em seu interior há uma belíssima luz líquida. Você percebe uma mão pálida e suave segurando frouxamente o vaso: essa é a mão de Kuan Yin. Ela verte, com delicadeza, algumas gotas desse Néctar precioso dentro de seu coração, cantando suavemente: "Om Mani Padme Hum". Permita que a cura de Misericórdia flua para dentro de seu coração, limpando-o e permitindo que ele se abra como uma flor de lótus.

Mentalmente, ou com voz suave, repita o seguinte: "Pela graça de Kuan Yin e por meu próprio livre-arbítrio, recebo agora a cura de seu Divino Néctar de Misericórdia. Gratidão, amada".

Quando estiver pronto, tome consciência de seus pés, imagine-se ficando em pé, firme no chão, ou levante-se devagar. Imagine o Néctar de Misericórdia transbordando de suas mãos e de seus pés para sua vida. Quando estiver pronto, salte suavemente sobre os pés até se sentir preparado para abrir os olhos.

Oração para a Mãe de Misericórdia

Mãe de Misericórdia que tanto ama minha alma.
O Néctar de Misericórdia traz paz e felicidade incomparáveis.
Abro agora meu coração para esse amor e essa paz infindáveis.
Que a graça de Kuan Yin ajuda-me a alcançar.
Om Mani Padme Hum.

20. O Néctar do Lótus

A Mãe Divina deseja que aqueles que devem alimentar os outros também sejam bem alimentados! Sua devoção ao ajudar os outros tem o efeito de espremer o chacra do coração cósmico da Mãe Divina. De seu coração goteja néctar, doce, sustentador, de afirmação da vida, uma energia que o alimenta e lhe permite nutrir muitas Almas. Como um cálice sagrado que transborda, quando você está cheio, bem e repleto de vitalidade, alimentar os outros é algo que acontece sem esforço. Você é orientado a deixar-se alimentar agora, alimentar com o Néctar Divino do Coração da Mãe.

Há um suprimento infindável de energia, alegria, paz, felicidade e amor para você, transbordando do coração da Mãe Divina Kuan Yin. Contudo, por vezes, podemos vivenciar limitações em vez de um fornecimento interminável. Essas limitações podem ser uma bênção oculta. Elas podem ser um sinal de que nossa mente e nossa vida emocional precisam de alguma ajuda para mudar da consciência de escassez para uma consciência de abundância. Ao fazermos isso, tendemos a relaxar e a fluir com maior facilidade, extraindo o necessário em vez de perceber restrições. Um limite ou bloqueio em nosso fluxo podem estar dizendo que nosso sistema nervoso precisa de um tempo para adaptar-se a receber maiores intensidades de eletricidade espiritual em nosso sistema, à medida que nos acostumamos a viver uma existência alegre e de vibração mais elevada. Um limite ou restrição em nossa energia podem indicar que estamos tão focados em dar aos outros que nos esquecemos de que somos parte do coração divino que estamos buscando incorporar e precisamos alcançar mais equilíbrio em nossas vidas, reservando tempo e atenção para nós mesmos.

Quando encontramos algum tipo de limite, seja pela necessidade de voltar ao equilíbrio ou porque estamos prestes a avançar para um novo nível de crescimento e realizações espirituais, é prudente receber néctar divino, permitindo que sejamos reabastecidos e apoiados, honrando a orientação que se esconde na limitação que estamos enfrentando. Então, a limitação terá servido a seu propósito e poderá desaparecer.

O Néctar Divino é nossa energia vital, é força de vida e o combustível para crescimento de todos os tipos. É paz, poder, abundância, amor e graça divina. Ele existe no mundo físico e nos mundos espirituais, entrelaçando-se eternamente um ao outro por toda a vida de nosso Universo. Quando estamos reabastecidos de energia *chi* ou força de vida, nos sentimos criativos, mais felizes e satisfeitos, mais capazes de aceitar a nós mesmos, aos outros e à vida e de fluir em harmonia com a natureza e a vontade divina. É muito mais agradável viver em equilíbrio e com *chi* adequado que ficar lutando para continuar seguindo, quando seria mais produtivo nos amarmos o suficiente para parar, descansar, recarregar e revitalizar nosso ser.

Ganhamos mais *chi* quando estamos em conexão. Do contrário, é como tentar conseguir energia elétrica quando já se tem um plugue na tomada! Kuan Yin o orienta para a cura agora, pedindo que você ouça a si mesmo e às suas necessidades. Que parte de você precisa de mais conexão? Suas emoções? Seu corpo ou seu espírito? O que lhe traria maior felicidade e bem-estar? Você precisa de exercícios, de meditação ou de ambos? Você precisa de tempo sozinho para reconectar-se consigo ou de tempo com os amigos e a família? Imagine passar um tempo junto à natureza. Qual tipo de natureza seria a melhor para você neste momento? Árvores? O oceano ou montanhas, um vasto campo aberto florescendo com flores vibrantes ou um lindo gramado em um dia de sol claro, ou uma floresta fresca e escura com um dossel abundante de folhagens verdejantes?

Mesmo apenas conscientizar-se daquilo que lhe faz bem em dado momento é uma forma de abrir seu coração para receber o Néctar Divino que está em sua busca, para nutri-lo e recarregá-lo. Reservar alguns instantes para considerar o que você precisa fortalece sua autoconsciência e aumenta sua habilidade de satisfazer suas necessidades conscientemente. Isso é essencial para que você consiga cultivar sua energia *chi* e viva uma vida mais feliz. É esse cuidado consigo mesmo que lhe permite partilhar do Néctar do Lótus. A Mãe Divina quer ajudá-lo e você pode assisti-la ajudando-se também!

Cura com o Néctar do Lótus

Sente-se tranquilamente e diga em voz alta: "Invoco a graça de Kuan Yin e meu próprio livre-arbítrio. Escolho agora abandonar qualquer apego, vínculo ou memória com relação a qualquer pessoa, lugar ou coisa nesta ou em outra vida que esteja drenando minha energia neste momento. Escolho livrar meu corpo, minha mente e meu campo energético dessas ligações agora! Que assim seja. Om Mani Padme Hum". Inspire, expire e finalize concentrando-se em seu centro cardíaco. Repita três vezes.

Em seguida, sente-se em silêncio e imagine que acima de sua cabeça há um grande lótus dourado e, ao focar em seu próprio chacra do coração, enviando amor para aquela flor de lótus acima de sua cabeça, uma gota de pura energia dourada, néctar divino, cai e penetra sua cabeça, passando ao ponto do corpo que mais necessitar. Relaxe e fique em paz por alguns instantes, simplesmente recebendo o néctar.

Oração do Néctar do Lótus

Amada Kuan Yin, ajuda-me a perceber a ligação comigo mesmo e com a Vida, da qual necessito para poder viver minha vida de vibração mais elevada, na qual estou bem, recarregado, feliz e ligado ao fluxo interminável de energia divina e força de vida em nosso

Universo. Por favor, orienta-me com clareza sobre como cultivar melhor o *chi* neste momento, como estar aberto a receber o Néctar do Lótus, a força de vida e amor da Mãe Divina para meu bem maior. Que assim seja. Om Mani Padme Hum.

21. A Sacerdotisa – Orquídea do Destino

A Sacerdotisa – Orquídea de seu destino espiritual mais elevado chama-o agora, amado. Ela o chama para seu propósito, seu caminho e a paixão de sua Alma. Você é chamado a elevar-se cada vez mais, para viver seu potencial com toda a sua singularidade e beleza. Ela o chamará sempre, com sua flauta suave soando no âmago de seu coração, flores de orquídea e crisântemo caindo dos pés dela, incitando seu coração a procurar a verdadeira paixão de sua Alma.

Você pode ter-se sentido diferente dos que estão à sua volta em épocas distintas de sua vida. Deve ser assim, amado. Você não pode ser um pioneiro de uma nova consciência neste planeta se se sente totalmente confortável na consciência que já existe em seu entorno! Você sabe que isso foi escolhido "de propósito" para que você pudesse estar "no propósito"? Sua Alma escolheu estar a serviço ao não se encaixar, de modo a se lembrar, por meio daquilo que "parece estar errado", que ela deve ajudar a corrigir e curar a consciência em nosso planeta, começando com o Eu. Quando o Eu for capaz de corrigir e alinhar a consciência interior para harmonizar-se com o amor e a paz existentes no fundo do coração, será mais fácil ajudar os outros a fazerem o mesmo, ainda que apenas por inspiração.

É aí que a Sacerdotisa – Orquídea do Destino, a amada Kuan Yin, em sua devoção à sua realização espiritual mais elevada, chama-o a avançar, neste momento. Sim, amado, seu destino divino o está chamando. Isso significa que já é hora de desligar-se da consciência de massa em um nível mais profundo que nunca, de realmente abandonar as crenças e as formas-pensamento que não servem a seu destino mais elevado, não importa quanto elas possam parecer incontestáveis inicialmente. Está na hora de revisar qualquer coisa dentro de você que o impeça de possuir seu poder espiritual e avançar rumo a seu destino divino.

É seu próprio destino que o convoca a fazer isso, amado. Não tenha medo, é apenas Você esperando para encontrar a Si Mesmo em toda a sua beleza e força espiritual! Abrace as mudanças e você logo desfrutará dessa reunião em uma volta mais elevada da espiral de sua própria vida apaixonada de propósito espiritual. A flauta e as flores da Sacerdotisa – Orquídea o ajudam nesse processo agora.

Cura com a Sacerdotisa – Orquídea do Destino Divino

Imagine que você está em pé no centro de uma espiral que se estende acima e abaixo de você, com a deusa Kuan Yin, suavemente iluminada e reluzente, ao seu lado. Flores caem em torno dela, suas roupas trazem bordados de motivos de Orquídea e ela toca uma melodia em uma flauta suave, a qual vai direto para o interior de seu coração.

Ao olhar para baixo, você pode observar onde esteve vibracionalmente e quanto cresceu espiritualmente no decorrer dos meses e anos. Parabéns!

Você olha para cima e não apenas sente a direção para onde está indo, mas também sente o impulso em seu coração, que o ajuda a chegar lá.

Enquanto ouve Kuan Yin tocando a flauta em seu chacra do coração, você descobre que é capaz de elevar-se facilmente, e seu coração expande-se à medida que você ascende ao anel seguinte da espiral.

Diga: "Gratidão, Kuan Yin, Sacerdotisa – Orquídea do Destino Divino, por seu auxílio de amor incondicional, ajudando-me neste momento a iniciar a nova fase de meu destino divino – eu a recebo com todo o meu coração! Que assim seja! Om Mani Padme Hum!"

Sinta-se no novo nível da espiral e respire aí algumas vezes, ouvindo a flauta da Sacerdotisa – Orquídea como se agora tocasse dentro de seu próprio centro do coração, e sentindo-se mais confortável nessa nova volta de sua espiral espiritual. Perceba essa sensação em seu coração fluir para baixo, por ambos os lados do corpo, para quadris, pernas e pés, e depois para cima, do coração ao peito, aos ombros e braços, ao pescoço e à cabeça. Traga sua percepção de volta ao coração e, quando estiver pronto, abra os olhos.

Oração para a Sacerdotisa – Orquídea do Destino

Meu Destino está em meu próprio coração, e tu me guias a mergulhar ainda mais em minha interioridade, amada Sacerdotisa – Orquídea, para que eu não deixe de participar de nada que esteja divinamente ordenando a mim! O ordenado sempre me encontrará! Com paz no coração recebo agora o que está me guiando, em amor incondicional, para a plenitude e expressão de meu próprio ser divino. Om Mani Padme Hum.

22. A Princesa da Colheita de Outono

A Princesa da Colheita de Outono traz dádivas de generosidade e bênçãos para esforços e ações do passado. É o momento em que o fruto do Trabalho está maduro para a colheita. Uma bela bênção está a caminho. Ela pode vir na forma de uma dádiva espiritual, uma oportunidade, uma inesperada fase de abundância, um relacionamento significativo ou uma amizade importante, etc. Com gratidão no coração, você reconhecerá a bênção quando ela vier, e ela lhe servirá perfeitamente. Esteja aberto para recebê-la, sabendo que é justa e merecida.

Uma bênção divina está a caminho agora. Pode ser uma bênção visível, com que seu coração canta e seu espírito voa. Ou pode emergir como uma bênção oculta que o leva àquele estado de abertura do coração de um modo menos evidente. Por vezes, não percebemos que estamos sendo abençoados porque a bênção está naquilo que evita algo que teria nos causado dor ou sofrimento desnecessários, distraindo-nos de nosso caminho e baixando nossa vibração por um período. Talvez apenas depois de um tempo é que percebemos que, na verdade, fomos poupados do que poderia ter sido um grande sofrimento. Às vezes, sequer percebemos o quanto somos amados e protegidos em momentos preciosos em que recebemos de presente bênçãos disfarçadas.

A fim de conseguir abrir-se para receber mais bênçãos em sua vida, e muitas advêm de seres espirituais de amor interminável, compassivo e cheio de bondade que estão o tempo todo à nossa volta, você pode começar a cultivar um estado de espírito "abençoado". Permitir que a Princesa da Colheita de Outono, a amada Kuan Yin em seu caráter de graça, bênção e concessão de dádivas, habite seu coração o ajudará a entrar nesse estado. O modo mais fácil de fazer isso é ter gratidão no coração com a maior frequência possível. Mesmo que você não saiba por que sua vida está se desenrolando de certa maneira, imagine que por trás de cada circunstância a mão divina de seu próprio Eu Superior magnífico, auxiliado por Kuan Yin, o está guiando a um nível mais profundo de sua própria felicidade.

Esta bênção que está a caminho é uma recompensa específica pelo empenho, esforço e trabalho interior mantidos durante algum tempo. Parecerá e trará a sensação de ser algo precioso concedido a você por um universo benevolente, e é. Tenha fé, esteja aberto e receba, amado. Seu tempo chegou.

Recebendo a Bênção Divina da Princesa da Colheita de Outono

Sente-se com seu diário e, por um momento, apenas se concentre em seu coração. Diga: "Amada Kuan Yin, Princesa da Colheita de Outono, ajuda-me a estar totalmente concentrado em meu coração agora. Om Mani Padme Hum".

Quando se sentir conectado a seu coração, diga: "Sou muito grato pela bênção que me é concedida neste instante. Estou tão agradecido que posso facilmente reconhecer e receber essa bênção de coração aberto. Gratidão pela ajuda divina e pelo amor incondicional!"

Quando estiver pronto, tire alguns instantes para escrever em seu diário qualquer coisa que lhe aconteça. Não pense, apenas escreva ou desenhe. Se não sentir nada, está tudo bem: recite a oração a seguir; mas você também pode perceber mensagens ou orientações de natureza amorosa chegando até você. Apenas permita que elas fluam.

A Oração da Bênção Divina da Princesa da Colheita de Outono

Sou divinamente abençoado; meu coração é tão repleto de bênçãos que ele transborda por todo o meu corpo e campo energético. Recebo bênçãos com muita facilidade. Minha alegria inspira os outros a se abrirem a bênçãos também. A Princesa da Colheita de Outono, a Amada Kuan Yin, conhece meu coração valoroso e concede-me dádivas abundantes neste momento. Om Mani Padme Hum!

23. A Radiante Lua de Compaixão

Kuan Yin senta-se sobre uma Radiante Lua de Compaixão, derramando a força espiritual necessária para você libertar-se das energias de vibração inferior do medo e do julgamento, passando à vibração da liberdade, do amor e da paz, que é sua condição natural. Você está sendo instado a usar esse poder agora para crescer espiritualmente e libertar-se de uma situação que poderia diminuir seu padrão vibratório.

Amado, no momento você está enfrentando energias de vibração mais densa. Isso não é ruim – na verdade, você atraiu essa situação para que possa crescer espiritualmente! Kuan Yin está com você para garantir que saia vitorioso.

Essas energias de enfrentamento podem parecer externas, na forma de uma pessoa, um lugar, uma coisa ou uma situação, um relacionamento atual ou passado. Elas podem parecer internas, na forma de um hábito de insegurança, de julgar a si mesmo ou de julgar e criticar os outros.

Você pode escolher entre permitir que essas energias o puxem para baixo, para o medo e o julgamento, ou escolher crescer espiritualmente pela prática da compaixão e libertar-se, alcançando maior paz, amor e liberdade. Kuan Yin brilha através de sua Radiante Lua da Compaixão, chegando até você para nutri-lo e elevá-lo, para ajudá-lo, quando você escolhe elevar-se, tornando-se espiritualmente mais forte.

Compaixão não significa tornar-se um capacho ou envolver-se com o sofrimento emocional ou mesmo com as manipulações ou jogos que outra pessoa possa tentar fazer a partir de um estado em que se encontra ferida e parcialmente consciente. Não significa desmoronar em empatia e tentar resgatar a outra pessoa de suas próprias escolhas e experiências de vida.

Compaixão é reconhecer o poder que todas as almas têm de cocriar sua experiência de vida. Compaixão também é o reconhecimento da luta que a humanidade pode vivenciar no processo de crescimento espiritual, uma compaixão gentil e amorosa por toda a humanidade, não a partir de uma posição de arrogância espiritual, mas de uma posição de bondade e generosidade de espírito. A Compaixão realinha-o à luz de sua alma, a seu próprio poder espiritual, e o eleva a uma condição de liberdade. Permita que a amada Mãe faça brilhar sua Radiante Lua de Compaixão em seu coração neste momento para ajudá-lo a libertar-se do julgamento e voltar à sabedoria, ao discernimento e à paz. Você não merece menos que isso, amado.

Cura com a Radiante Lua de Compaixão

Sente-se em silêncio com os olhos fechados e concentre-se em seu coração. Imagine que a luz do coração torna-se cada vez mais intensa, até irradiar sua luz sobre o problema, situação ou circunstância de natureza vibracional inferior em sua vida. Você conhecerá essa situação pela reação que ela evoca em você – de medo, dúvida, julgamento, raiva ou culpa e vergonha. Imagine que no interior dessa luz do coração queima uma lua vibrante, radiante de compaixão. A luz do coração ilumina com seu brilho a situação em pauta, trazendo à tona a verdade sobre ela que antes se escondia sob medo, julgamento ou ilusão.

Sussurre o seguinte, de todo o coração: "Amada Mãe de Compaixão, Kuan Yin, ajuda-me neste momento em que irradio a luz de meu coração, repleta da luz de tua Radiante Lua de Compaixão, sobre todos os aspectos desta situação. Que ela seja abençoada com tua Compaixão Divina. Que todos os envolvidos vejam mais claramente e elevem-se acima da dor de seu ego, passando à tolerância, à compreensão e à paz. Possa a luz suave de sua graça compassiva trazer cura neste instante. Que assim seja. Om Mani Padme Hum".

Oração da Radiante Lua da Compaixão

Amada Kuan Yin, tua Compaixão fortalece-te com energia, paciência, paz e amor infinitos. Derrama tua luz sobre mim e ajuda-me a encontrar minha compaixão para que eu possa elevar-me acima das energias de medo ou julgamento para um estado de maior compaixão que me liberta para viver minha própria vida em paz. Brilha sobre mim, amada Radiante Lua de Compaixão. Om Kuan Yin. Om Mani Padme Hum.

24. REVELE A BELEZA DO PAVÃO

A beleza do pavão é estonteante, com incrível exuberância de cores revelando-se em uma exibição graciosa e magnífica. Você também possui grande beleza, amado. Dentro de você, como seu direito divino, habita um ser glorioso e divino de bela luz, com habilidade para criar. A Beleza do Pavão fala a você da elevação de suas energias criativas a novos níveis de sublimidade e inspiração quando você acessa o poder de seu chacra laríngeo para a criação superior. Suas intenções, decisões e particularmente suas palavras estão ficando mais poderosas. Desfrute do uso sábio dessa crescente potência criativa para expressar a beleza de seu interior, pedindo Bênção Divina a todos os seus planos, projetos e palavras.

A Beleza do Pavão é capaz de silenciar-nos com Sua pura magnificência, lembrando-nos do poder da beleza genuína para nos trazer paz e harmonia interior. Existe um impulso em seu interior para criar maior beleza em sua vida, para honrar a habilidade criativa que você tem de expressar os sublimes sentimentos que habitam seu interior.

À medida que a Alma cresce espiritualmente, as energias criativas começam a elevar-se do chacra sacro, localizado nos quadris e na pélvis, para o chacra laríngeo, onde elas podem ser traduzidas em som e se manifestar. O que antes teria sido uma forma mais instintiva de criatividade, bela a seu modo, torna-se inspirada e sublime, acrescentando profundidade e energia de cura às suas expressões criativas. Você pode começar a criar beleza divina por meio de suas palavras e ações. Você se torna uma força curativa ativa na produção de beleza divina em seu mundo.

À medida que o poder do chacra laríngeo aumenta, nosso impulso de nos expressarmos de uma forma criativa singular pode tornar-se intenso. Essa criatividade é a voz da Alma desejando manifestar-se no mundo físico. O poder de sua Alma está começando a fluir em suas palavras e planos. O melhor modo de usar esse poder com sabedoria é decidir que aquilo que você fala, escolhe fazer ou pretende criar estará em harmonia com a beleza divina presente em seu coração. A Beleza do Pavão, Kuan Yin em sua expressão graciosa, exorta-o a seguir aquilo que é verdadeiramente belo em seu coração e saber que isso trará mais livremente harmonia para seu interior e para o mundo.

Este oráculo também indica que qualquer projeto, plano ou propósito que você vem contemplando está alinhado com a criatividade mais elevada de sua Alma. Não se preocupe se os detalhes não estiverem se desenrolando como você imaginou que o fariam. É sempre prudente ter clareza em suas intenções e abandonar os detalhes ao Universo, de modo que possam desdobrar-se de acordo com uma visão maior que a nossa. Tudo o que você precisa fazer é ter fé e seguir sua intuição para dar os passos que você sentir que são inspirados pelo coração e ter paciência e confiança em si mesmo e no Universo.

Kuan Yin, a divina Beleza do Pavão, abençoa-o neste momento com sua compaixão e graça, ajudando-o a abandonar o medo ou a dúvida com relação a sua própria habilidade de criar, seja na forma de música, escrita, cura, um corpo mais saudável ou uma mente mais clara. Esses desejos dentro de você já estão em processo de criação. Não desista, mas deixe fluir. Permita que a beleza em seu interior encontre sua expressão neste instante, amado. Está na hora de sua beleza interior brilhar.

Uma Cura para Revelar a Beleza do Pavão

Sente-se em silêncio e respire, fechando os olhos e concentrando-se em seu chacra sacro, que fica abaixo do umbigo, em sua pélvis. Imagine que existe ali um fulgor cálido de luz interior, de irradiação dourada e brilhante. Lentamente, à medida que você se concentra nessa luz suave e em sua respiração, ela começa a elevar-se até o chacra laríngeo, o centro energético situado no centro da garganta. Basta imaginar que isso acontece naturalmente e com suavidade enquanto percebe o calor em seu baixo-ventre. Ao sentir algum calor em seu corpo, acumulando-se no chacra laríngeo, ou quando sentir-se pronto, diga claramente: "Agora peço a bênção divina para ativar minha criatividade mais elevada – que meus planos, projetos e palavras sejam sublimes, repletos de cura e ímpares em beleza. Que meu fluxo criativo seja abençoado com amor divino. Pela graça de Kuan Yin e de meu próprio livre arbítrio, permito que minha beleza interior seja revelada neste instante. Que assim seja!"

Imagine que a energia e a luz entre seu umbigo e sua garganta unem-se no centro de seu corpo, onde começam a abrir-se em leque, como duas caudas de pavão totalmente abertas, formando um estonteante leque circular de plumas de um dourado magnífico, de um azul iridescente, verde e roxo. Imagine esse leque girando no centro de seu corpo até que se torne um borrão de deslumbrante luz irradiando em todas as direções.

Diga: "Escolho revelar a beleza do pavão, a glória de minha criatividade superior em seu total esplendor – que assim seja!"

Quando estiver preparado, abra os olhos.

Oração à Beleza do Pavão

Amada Kuan Yin, abençoa-me com a graça de render-me à beleza de minha própria Alma, de reconhecer minha criatividade superior em fluxo neste momento, de tornar as criações de minha Alma minha maior prioridade; que eu possa viver com abundância, paz e felicidade. Ajuda-me, amada beleza, a reconhecer minha própria beleza, tão magnífica e colorida como o estonteante pavão. Que minhas criações sejam assim adoráveis. Om Mani Padme Hum.

25. O Sagrado Rio Yangtsé

O Sagrado Rio Yangtsé flui e muda eternamente. Assim como o rio flui e muda seu curso, você também está evoluindo em seu Caminho Divino. Véus e bainhas que no passado cobriam a luz de sua Alma estão sendo lavados. A limpeza com água sagrada indica especificamente que sua vida emocional e a direção de sua vida estão sendo purificadas e curadas. Mudanças no fluxo de energia dentro de você e no momentum *do desenvolvimento de seu caminho de vida são iminentes. Isso é instigante! Você está crescendo e mudando, e logo as circunstâncias de sua vida refletirão essa evolução interior.*

O Sagrado Rio Yangtsé em que a amada Kuan Yin se deleita está sempre mudando sutilmente seu curso, correndo e crescendo. Você, como o Rio Sagrado, também está mudando, amado. A direção de sua vida está passando por realinhamentos sutis ou mesmo está em meio a uma mudança muito mais óbvia. Você é encorajado a confiar nos desdobramentos naturais desse processo e a permitir que ele cumpra seu papel em você e sua vida.

O Sagrado Rio Yangtsé é uma extensão da orientação inteligente da Mãe Divina, cuja mão alcança sua Alma e o guia em direção a seu destino mais elevado. Ela ajuda o Eu Superior a libertar-se de quaisquer impurezas que já não precisa conter. Com isso, pode haver um período de liberação espiritual e até de desintoxicação física. A desintoxicação pode ocorrer por meio de emoções que vêm à tona, aflições ou dores inexplicáveis no corpo, uma sensação de cansaço sem motivos específicos e uma necessidade de descansar, ou o ímpeto de meditar mais, submeter-se a curas, nadar no oceano, fazer uma aula de ioga ou mesmo mudar o modo como você come e dorme. Esses são impulsos naturais intuitivos que confirmam que sua Alma está passando por um processo de limpeza ao expressar mais de sua pureza no plano físico.

Kuan Yin fala como a Alma do Sagrado Rio Yangtsé neste momento e o orienta a ser gentil consigo mesmo durante essas mudanças, e a honrar sua orientação interior à medida que sua luz interior cresce em força. Confie nas mudanças do fluxo do Sagrado Rio em sua vida.

Você pode perceber que as pessoas se sentem ainda mais atraídas por sua luz durante esse período e naquele que se seguir a tal mudança em seu quociente de luz. Você traz mais luz em seu ser e, sem os antigos véus cobrindo sua luz interior, sua Alma será capaz de brilhar através da matéria, mais forte que nunca. Algumas pessoas serão atraídas por essas alterações em você e seus relacionamentos crescerão e serão melhores. Pode haver aquelas pessoas que temam as mudanças. Mantenha limites firmes, mas amorosos, e não se preocupe com a atenção extra que receber. Sua luz não está apenas crescendo em brilho, também está ficando mais forte e você estará preparado para lidar com qualquer situação que lhe suceda com alegria, graça e eficiência. Seja bondoso e paciente, mantenha-se fiel a si mesmo e confie que o crescimento espiritual servirá a todos.

Cura no Sagrado Rio Yangtsé

Imagine que você está de pé perto de um belo rio feito de luz e som. Ele cintila com amor, paz e beleza. Você só quer ficar o mais perto possível dele porque a sensação de sua proximidade é muito boa! Imagine-se entrando no Rio e permitindo que arcos-íris de luz e som o lavem, limpando-o por dentro e por fora. A água é limpa e pura, repleta de poder e majestade antigos.

Ao sair do rio, você nota que agora está vestindo um manto novo de seda, na cor que lhe parecer adequada.

Quando estiver pronto, abra os olhos.

Oração junto ao Sagrado Rio Yangtsé

Kuan Yin, Divina Mãe-Rio Antiga, Alma Sagrada do Yangtsé, recebo neste momento tuas águas espirituais de limpeza e iluminação. Abençoa meu caminho e meu processo com tua misericórdia e potência. Possa eu revelar e perceber a mim mesmo em um novo caminho, sem medo ou apegos ao passado; que eu permita que o Sagrado Rio trace meu curso, insculpindo meu caminho e destino divinos mais elevados, por meu próprio livre-arbítrio, que assim seja. Om Mani Padme Hum.

26. O Lótus Reluzente

Há momentos em que é prudente ser reservado, até você encontrar sua força interior e se sentir fortalecido o suficiente para compartilhar seus pensamentos, sensações e crenças sem hesitar, mesmo quando confrontado por outra pessoa. Em outros, beneficiamos a nós mesmos e aos outros ao correr o risco de permitir que a flor de lótus interior de nosso Eu verdadeiro resplandeça, para que todos a contemplem.

Você vem escondendo-se no armário espiritual, amado? Às vezes, é prudente evitar compartilhar seus pensamentos e impressões sobre crenças espirituais e outras questões pessoais até que elas estejam claras em sua mente. Contudo, também há ocasiões em que esconder do mundo suas verdades mais profundas já não o protegerá; pelo contrário, na verdade o impedirá de viver seu destino divino, de irradiar a luz do lótus de sua Alma e percorrer seu caminho no mundo.

Isso não significa que você tenha de fazer um grande pronunciamento (a menos que seu coração o peça), mas sugere que existe algo em seu interior que você poderia compartilhar com outros ou deixar mais aberto em sua vida de um modo geral. Pode ser uma conversa com um ente querido sobre impressões significativas que você vem mantendo para si mesmo, ou começar a ser mais aberto a respeito de suas crenças e habilidades.

Uma vez que você coloque sua energia no mundo, você passa a atrair magneticamente almas com ideias semelhantes para sua vida, as quais então o encorajarão a compartilhar ainda mais de si mesmo. Não se preocupe se existem aqueles que parecem sentir-se confrontados ou ameaçados por suas crenças. Eles não precisam ter as mesmas crenças que você para que você ou eles sejam amados e estejam seguros, seguindo o Caminho Espiritual (que é singular para cada um de nós). Você e outros podem beneficiar-se muito se você permanecer fiel a seu coração e, ao mesmo tempo, aberto ao fato de que os outros terão suas próprias verdades, que talvez sejam diferentes das suas, e é assim que as coisas são. Você não tem de convencer os outros ou ser convencido de coisa alguma; tudo o que precisa é ouvir seu coração.

Se existe algo que você vem guardando em seu interior, você é orientado a ouvir seu coração para descobrir o tempo adequado e a melhor maneira de compartilhá-lo. Deixe a luz do lótus de seu coração, de sua Alma e de suas verdades íntimas brilhar abertamente, amado. Seja gentil consigo mesmo e saiba que você tem o direito de estar aqui, neste planeta, em sua própria verdade independentemente da reação dos outros, seja ela de afirmação e amor, ou de desconforto; sua verdade serve ao bem maior. Confie na força dessa luz de lótus reluzente. Ela é mais poderosa que o medo ou a dúvida. Ela iluminará ainda mais seus passos em seu caminho espiritual de paz, propósito e poder

Cura para Fazer Brilhar o Lótus Interior

Fique de pé ou se sente confortavelmente, tomando um instante para assegurar-se de que tem espaço suficiente para movimentar os braços. Se não puder fazer essa cura fisicamente por qualquer motivo, visualize-a acontecendo em sua imaginação, vendo-se realizar o processo energeticamente.

Em silêncio ou em voz alta, afirme o seguinte: "Escolho abrir agora meu coração e revelar o lótus de verdade e paz que reluz dentro de mim. Escolho revelar minha verdade, em amor incondicional e não julgamento; eu a revelo para o maior bem e confio no desenrolar do Universo, abençoado pela graça e misericórdia de Kuan Yin, que assim seja!".

Inspire profundamente, abrindo bem os braços. Imagine a inspiração inflamando o lótus de seu coração, acendendo-o, e esse lótus do coração brilhando intensamente, como uma estrela no centro de seu peito. Você pode sentir emoções sendo liberadas; deixe-as vir e ir enquanto inspira e expira com os braços abertos por alguns instantes.

Então, com uma expiração profunda, erga os braços e imagine o lótus do coração irradiando luz para o Universo, com amor. Em seguida, com os braços erguidos, e olhando levemente para cima, diga: "Estou seguro em minha verdade, revelo-me com amor, é seguro e divertido ser eu mesmo. Minha luz de lótus irradia em benefício de toda a humanidade!"

Oração do Lótus Reluzente

Amada Kuan Yin, mãe de misericórdia e compaixão, abençoa-me com *timing* divino e palavras divinas, para que eu possa expressar-me verdadeiramente e bem, e que minhas verdades possam curar todos os envolvidos, pelo bem maior, que assim seja! Abençoa meu coração de lótus, com paz e amor reluzentes. Om Mani Padme Hum.

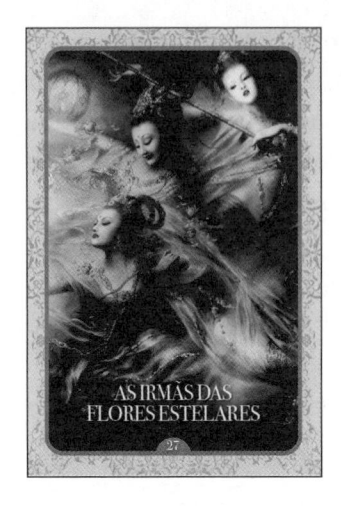

27. As Irmãs das Flores Estelares

É bom lembrar que, embora cada um de nós faça sua própria jornada singular de volta à bem-aventurança e verdade divinas, temos muitos amigos que nos amam incondicionalmente e desejam ajudar-nos a encontrar o caminho para casa com o mínimo de sofrimento e o máximo contentamento. Quando nos permitirmos ser ajudados, também ajudamos aos outros. É uma espiral de apoio e amor que deseja conectar ainda mais, agora com você.

A energia grupal é poderosa. Quando usada conscientemente, ela pode ajudar-nos a expandir do mesmo modo que, se você estivesse fazendo qualquer tarefa, muitas mãos poderiam tornar o trabalho mais leve, como diz o ditado. Bem, muitas mãos também fazem o trabalho da luz! Sua energia pode ajudar a nutrir e elevar a energia das outras pessoas de um grupo, já que você pode levar alta vibração de amor em seu coração.

Os antigos chineses, há mais de 2 mil anos, referiam-se às Plêiades como as Flores Estelares. Essas sete estrelas-irmãs trabalham juntas como um grupo de consciência superior que irradia grande amor e luz a nosso planeta, e elas podem auxiliá-lo neste momento a encontrar a luz nos grupos em que você está envolvido.

É proveitoso ligar-se a grupos centrados no coração que fazem com que você se sinta bem e melhoram a qualidade de sua vida, bem como ser apoiado e apoiar tais grupos, e você é orientado a permitir que isso aconteça mais em sua vida neste momento. A prática solitária é um elemento importante do crescimento e pode ser extremamente poderosa, mas por vezes a energia grupal é um elemento importante de seu crescimento espiritual. Por isso, você é encorajado a meditar, rezar e cantar com grupos e comunidades que ressoam com seu coração.

Às vezes, almas espiritualmente mais avançadas sentem subconscientemente que precisam carregar sozinhas as energias do grupo. Você é orientado a abandonar qualquer excesso de responsabilidade, a assumir sua cooperação natural e talvez até sua autoridade no grupo, a partir de uma perspectiva de amor em vez de fardo, e permitir-se tanto ser elevado como contribuir com sua luz e amor para os grupos e comunidades de sua escolha. As Irmãs das Flores Estelares sabem que energia grupal é dar e receber, que quando nós nos permitimos florescer, o grupo também pode ganhar energia e crescer.

Você é orientado neste momento a equilibrar seu envolvimento com a energia grupal, de modo que tenha tempo suficiente em solidão, para conhecer-se a si mesmo como um ser divino e único; em energia grupal nos planos interiores, invocando sua orientação espiritual que o ama incondicionalmente; e em energia grupal no plano físico, por meio de grupos que o nutram e amem de uma forma que lhe seja benéfica.

Este oráculo também o orienta a invocar energias estelares de amor e sustentação incondicionais. Além disso, o aparecimento das Irmãs das Flores Estelares indica que você tem uma ligação de alma que pode nutri-lo rumo à consciência vibracional estelar superior, tal como a das Plêiades.

Cura pelas Irmãs das Flores Estelares

Acenda uma vela, sente-se em silêncio em um aposento escuro e observe a chama. Quando sentir que pode fechar os olhos e ainda perceber ou ver a vela em sua mente ou coração, diga: "Invoco agora a energia grupal que me ama incondicionalmente. Invoco as almas desse grupo de energia e peço sua presença e amor curativos neste instante, por meu livre-arbítrio, tendo a Divina Kuan Yin por testemunha, que assim seja."

Perceba a luz da vela e do círculo luminoso que se forma em torno dela. Imagine essa luz tornando-se a luz de uma estrela. Você está dentro desse círculo de luz, uma Alma de essência divina. À sua volta estão guias e almas do mundo físico, que você pode reconhecer ou não, mas envie-lhes amor e fique em paz, imaginando que vocês estão nesse círculo juntos, reunidos em redor da vela.

Imagine que vocês todos enviam amor à estrela – luz da vela. A percepção dela em seu coração e em sua mente começa a ficar mais forte, até você sentir-se interiormente banhado em luz. Diga: "Gratidão por sua cura, enviada com amor incondicional, namastê".

Quando estiver pronto, abra os olhos.

Oração às Irmãs das Flores Estelares

Invoco o amor incondicional das Irmãs das Flores Estelares e da Amada Kuan Yin. Por favor, ajudai-me a saber quando recuar e quando avançar dentro da energia grupal. Ajudai-me a elevar-me acima de meus medos de ficar perdido, de ser consumido ou ferido, e ajudai-me também a não me esconder em um grupo. Ajudai-me a conhecer minha própria luz e a ser capaz de compartilhá-la com os outros sem medo, com misericórdia e compaixão. Ajudai-me a encontrar meu lugar de direito no interior da energia grupal neste momento, amadas, pelo bem maior, que assim seja! Om Shanti.

28. AS IRMÃS DO SOL NASCENTE

Você é um ser altamente criativo, com o potencial de ajudar a elevar a vibração de consciência neste planeta com seus projetos criativos, seu trabalho, seus sonhos e passatempos. O poder da colaboração, ao escolher trabalhar com outras pessoas em projetos conjuntos, permite que ocorra o fenômeno da sinergia, o que pode fortalecê-los e torná-los mais que a soma de suas parcelas individuais, atraindo grande assistência e potência cósmica! Você é orientado a permanecer aberto a outras Almas que venham a unir forças com você. Assim como as Irmãs do Sol Nascente, que trazem grande energia para ajudar a humanidade em seus esforços coletivos, quando você permite um esforço grupal alinhado, muitas maravilhas podem acontecer.

Uma parte importante da jornada espiritual é descobrir quem é você e como você funciona, e o trabalho solitário costuma ser útil a esse aprendizado. No entanto, há ocasiões em que você está forte o suficiente para trabalhar com outras pessoas sem perder-se ou à sua abordagem singular quanto a empreitadas criativas. Colaboração é o que se sugere a você neste momento, para permitir-lhe expandir os horizontes, conhecer mais pessoas, compartilhar sua luz e divertir-se mais!

Sua colaboração pode ser para com guias espirituais ou almas encarnadas que entrarão em sua vida na forma de colegas, amigos e auxiliares. Confie em seus instintos e tenha discernimento quanto ao que aceitar e ao que deixar passar – haverá muitas oportunidades, já que você está aberto a elas, mas confie em si mesmo para dar um salto e correr alguns riscos naquilo que o incentiva a buscar ou aceitar ofertas de outras pessoas para trabalhos em equipe.

As Irmãs do Sol Nascente sabem que a luz pode ficar intensa quando almas se reúnem em empreitadas criativas, permitindo que diferentes aspectos do divino se manifestem em cada projeto, tornando-o mais rico do que seria com um único aspecto.

Este oráculo também o orienta a permanecer-se fiel a si mesmo em esforços colaborativos. Você pode estar em um conflito entre fazer concessões e permanecer fiel a quem você é e ao modo como trabalha. Você não precisa fazer concessões, mas antes respeitar seus limites e os limites dos outros e confiar que, quando se deve trabalhar em equipe, o grupo encontrará um modo de não competir entre si, mas de complementar (e, talvez, cumprimentar também) uns aos outros de forma que possam brilhar juntos. As Irmãs do Sol Nascente convocam-no a encontrar maneiras de não se diminuir na colaboração com outros, mas ousar, de modo que todos se tornem ainda mais autênticos juntos.

Se você tirou esta carta com a d'As Irmãs das Flores Estelares, você está sendo especialmente encorajado a colaborar com os outros em uma situação coletiva ou a colaborar em projetos que envolvam grupos. Você receberá apoio espiritual nesses empreendimentos.

Este oráculo também indica que, em qualquer relacionamento que você tenha no momento, há uma cura acontecendo e se você procurar pela solução em que todos ganham (não importa quão difícil possa parecer encontrá-la inicialmente, tal sabedoria ESTÁ lá para ser encontrada), vocês terão colaborado com sucesso como Almas em busca da cura! Parabéns!

Cura com as Irmãs do Sol Nascente

Sente-se com seu diário e escreva uma carta para qualquer pessoa com quem você tenha tido uma relação de colaboração que tenha deixado uma sensação de insatisfação, desapontamento ou incompletude. Expresse suas impressões na carta e, em seu final, manifeste sua intenção de esquecer a situação, de modo que ambos estejam livres; ofereça perdão e, quando estiver preparado, leia a carta em voz alta, queimando-a em seguida e espalhando as cinzas com cuidado na terra, verificando se estão totalmente apagadas.

Então, sente-se e escreva uma carta àquelas almas com que você está trabalhando atualmente ou com quem gostaria de trabalhar. Podem ser músicos, artistas, escritores, curadores, editores, agentes, patrocinadores, contadores ou atores! As possibilidades são muitas. Escreva uma carta expressando o tipo de colaboração que gostaria de atrair e que resultados gostaria de alcançar. Imagine-a como uma propaganda celestial com as Irmãs do Sol Nascente, uma gloriosa assembleia de esforço comunitário, irradiando amor e sustentação para suas palavras. Quando se sentir feliz com o que especificou, leia a carta em voz alta, dobrando-a em seguida e colocando-a em um local sagrado, talvez em seu diário, em seu espaço de meditação ou sob um cristal no jardim. Agradeça à orientação que o levou a fazer isso de modo que esteja pronto para recebê-lo.

Uma oração das Irmãs do Sol Nascente

Amadas Irmãs do Sol Nascente, doce irmã Kuan Yin, gratidão por vossa ajuda neste momento em que abro o coração sem medo, com confiança, fé, amizade, limites firmes e mente aberta à vossa inspiração, apoio e auxílio, para que eu faça colaborações criativas bem--sucedidas. Que todos esses relacionamentos sejam abençoados em minha vida agora. Om Mani Padme Hum.

29. TOQUE A FLAUTA IMPETUOSA

O discernimento confere-lhe poder para fazer escolhas que estejam em harmonia com suas intenções espirituais. Como uma flauta que toca impetuosamente, o som atravessando todas as vibrações com pureza e intenção, seu discernimento faz com que você permaneça fiel a seus valores e destino espiritual, sem se distrair. Se você deseja crescer espiritualmente por meio do amor, da alegria e da abundância, então é útil discernir entre escolhas de vibração superior e inferior.

É prudente aceitar tudo na vida e não julgar pessoas ou situações como boas ou ruins. Algumas são mais agradáveis que outras e, não obstante, por vezes um desafio pode acabar por trazer grande crescimento e oportunidade, o que, por sua vez, torna-se uma bênção. Contudo, isso não significa que seja prudente abandonar o poder de escolha. Podemos usar nosso discernimento para sermos guiados em nosso Caminho às experiências mais alegres, inspiradoras e úteis para o crescimento de nossa alma.

Discernimento não é julgamento. Ele não julga algumas coisas melhores ou piores que outras. Discernimento é o poder de escolher com base no desejo ou intenção. Se pretendemos crescer por meio de alegria e aventura em vez de medo ou sofrimento, então podemos usar nosso discernimento para fazer escolhas que tragam expansão e entusiasmo em vez de restrições e esgotamento.

O discernimento é necessário em todos os reinos da vida, do físico ao espiritual. Desde o estilo de vida que escolhemos levar às pessoas com quem decidimos passar o tempo ou ao modo como passamos a maior parte de nosso tempo, e até mesmo ao tipo de energias espirituais que invocamos, escolhas feitas com discernimento nos ajudam a construir nossa realidade. O uso inteligente do discernimento ajuda-nos a ser verdadeiros, claros e precisos em nossa percepção. Como a flauta impetuosa, cujo som atravessa todas as vibrações, o discernimento destrói ilusões e chega à verdade de uma questão, direto à essência. Com a verdade não existem "surpresas desagradáveis" no futuro ou, se existirem, podemos lidar com elas rapidamente e usá-las para nosso crescimento, com mínimo sofrimento. Podemos verificar o que é real e o que é falso. Esse conhecimento interior informa nossas escolhas para que busquemos aquelas pessoas, lugares, oportunidades e experiências que nos pareçam alinhadas com o Amor. Assim, nosso caminho de vida passa a ter mais alegria e bem-estar.

Sua capacidade de discernimento está crescendo e ela é máxima quando você ouve seu coração e consegue abandonar o medo e a vergonha, que podem obscurecer sua percepção. Este oráculo veio a você porque você precisa ver com o coração uma situação em sua vida, não pelas aparências. Não tenha medo de confiar em sua própria visão, amado. Ela o ajudará a viver suas verdades e a cuidar bem de sua própria Alma.

Tocando a Flauta Impetuosa

Sente-se com seu diário ou caderno e, por um momento, contemple seus desejos mais profundos nesta vida, escrevendo vários deles. Alguns exemplos podem ser: vivenciar abundância e prosperidade nos níveis material e espiritual, viver amor e amizade genuínos, sentir-se livre para ser seu Eu integral, expressar-se criativamente, crescer espiritualmente e saborear a bem-aventurança de sua natureza divina.

Diga em voz alta: "Eu me dou permissão neste momento para fazer escolhas que me pareçam alinhadas com minhas intenções mais profundas! Eu me perdoo por qualquer ocasião em que não fiz escolhas que sustentassem minhas intenções mais profundas. Perdoo àqueles que me tenham tolhido, ainda que sem intenção, e agora escolho ter discernimento em minhas escolhas para que eu crie minha experiência de vida como mais desejo e pretendo que ela seja. Invoco Kuan Yin para tocar sua flauta impetuosa, para que eu possa destruir a ilusão e reconhecer a verdade! Que assim seja!"

Uma oração para a Flauta Impetuosa

Caríssima Kuan Yin, que vê da perspectiva mais elevada e sabe a verdade em todas as situações, por favor, ajuda-me a discernir as melhores escolhas possíveis entre as disponíveis. Abençoa-me com a clareza que preciso para fazer escolhas que sustentem meus desejos mais profundos nesta vida. Que minhas intenções espirituais sejam abençoadas e se manifestem. Ajuda-me a ver para além da ilusão, amada, para a verdade mais profunda das coisas. Toque sua flauta impetuosa com amor, compaixão e clareza neste instante. Om Mani Padme Hum.

30. Teça o Fio de Seda Divino

Na confecção de sedas primorosas existe um processo de seleção que descarta as fibras quebradas para encontrar aquelas que são valiosas e puras. Você está começando um novo ciclo, amado, e é o momento de permitir que aquilo que é mais precioso e puro, que você deseja levar com você para o futuro, continue e descartar aquilo que não se alinha à verdade de seu coração. Por vezes, temos de nos ajudar a acessar o novo ciclo abandonando promessas desta ou de outras vidas, liberando velhos padrões emocionais e convocando sabedoria e talentos de vidas passadas. Você é orientado a aceitar esta cura agora.

Seu passado o chama. Ele o chama para que você o purifique, o liberte, e para que a beleza e o poder do passado sejam reclamados no momento presente, tecidos juntos como uma seda rara e preciosa. Todas as experiências, os erros, as aventuras e os sucessos de seu passado, nesta e em outras vidas, renderam-lhe muito material de onde extrair sabedoria, como fios de fina seda sendo urdidos em um belo tecido. Ele teve de crescer em percepção subjetiva, luz, capacidade e amor para estar onde está hoje.

Você está sendo orientado por Kuan Yin a perceber que não se deve envergonhar de seu passado; mesmo os piores erros pelos quais você pode ter julgado a si mesmo ou aos outros foram oportunidades para realmente crescer em amor. A seda primorosa não poderia ser formada sem as camadas rústicas do casulo, dentro das quais o fio puro é tecido pelo bicho da seda. Do mesmo modo, também você conseguiu tecer algo realmente belo dentro das experiências de sua vida, mesmo daquelas que você já não precisa carregar consigo como lembranças ou cicatrizes.

Chegou o momento de extrair o puro fio e deitar fora o que é inútil. Você está em um ponto, amado, em que deve optar por esvaziar a bagagem emocional velha e levar consigo os dons, as habilidades e os talentos que você desenvolveu no decorrer de muitas vidas, de modo que possa passar ao novo ciclo que o está chamando. Por vezes isso pode parecer estranho e causar alguma ansiedade, já que deixamos de ter os velhos padrões emocionais ou de comportamento a que nos apegamos à medida que passamos pela vida. Ainda assim, não há necessidade de temer esse processo porque, ao abandonar o velho, um belo padrão novo emerge de seu interior. Você terá novas emoções, novas maneiras de fazer-se disponível a si mesmo, tudo oriundo de suas experiências passadas, mas não limitado a elas. Kuan Yin, senhora da fiação da seda espiritual, está com você e o processo pode ser repleto de paz, alegria e amor. Você se sentirá mais leve com esse processo, e mais capaz de ser seu Eu divino em todas as áreas de sua vida.

Cura para Tecer o Fio de Seda Divino

Feche os olhos e concentre-se no espaço de seu coração, visualizando uma luz prateada suave reluzindo em seu interior. Imagine que você pode viajar para dentro de seu coração e, ali, perceber um movimento, como uma roca a fiar. Alguns fios são ásperos e estão quebrados, mas formam uma barreira para que, dentro, grandes fios sedosos de pura luz possam ser tecidos em um fluxo interminável. Sinta a preciosidade e maravilha desses fios; eles são como os meridianos de sua Alma, sendo tecidos em seu coração.

Permita-se viajar por esses fios de luz em seu coração, onde você enfim percebe uma espiral de muitas luzes e cores, representando as vidas e as situações que você encontrou em seu passado nesta vida e além dela. Você percebe Kuan Yin pegando gentilmente os fios de sua Alma, extraindo-os do casulo grosseiro e tecendo-os em uma seda magnífica.

Diga em voz alta: "Pela graça de Kuan Yin e por meu próprio livre-arbítrio, eu agora concedo perdão incondicional e abandono a dor, a vergonha ou a culpa que me prendem a energias passadas, impedindo-me de viver meu potencial. Abandono isso tudo de forma total e completa neste momento, ao longo de todo o tempo e o espaço e de todas as dimensões de meu ser!"

Envie amor a Kuan Yin e a seus dedos divinos a tecer a luz de sua Alma em bela manifestação, e diga em voz alta: "Escolho reivindicar neste momento todos os talentos, dons e habilidades de vidas passadas, fundados em amor incondicional, para minha vida atual. Peço isso pela graça e compaixão de Kuan Yin e por meu próprio livre-arbítrio, em amor incondicional e misericórdia divina".

Por fim, envie amor com essa intenção para a amada Kuan Yin novamente. Quando você estiver pronto, sinta a leveza em seu coração, agora que o casulo foi transformado na mais deslumbrante e sedosa vestimenta de luz. Imagine-a sobre seu corpo e sinta a beleza.

Quando estiver pronto, abra os olhos.

Oração para Tecer o Fio de Seda Divino

Escolho abandonar neste momento todas as promessas, os acordos, os véus e as amarras que não se fundamentam no amor incondicional e já não servem a meu bem maior. Pela misericórdia, compaixão e poder divinos de Kuan Yin, e por meu Livre-arbítrio, abandono-os. Invoco agora a maestria de minha vida passada e de minha vida atual, de acordo com meu próprio Livre-arbítrio, e pelo amor incondicional e misericórdia divina de Kuan Yin, assim é. Escolho tecer o fio de seda divino, minha própria luz da Alma, de minha vida. Om Mani Padme Hum.

31. A Irmã Salgueiro Cujos Galhos Roçam o Chão

Com o roçar de seus galhos, a Irmã Salgueiro neste momento lhe traz suavemente a cura pelo perdão e a liberação de dores antigas. Deixe seus galhos varrerem com graciosidade qualquer tristeza e dor de seu coração e de sua Alma. Um tempo de maior liberdade interior está nascendo e limpar a tristeza, curando pelo perdão, é o caminho para essa liberdade maior. Você merece essa liberdade e depressa se organiza para se dar esse presente, com a ajuda de Kuan Yin.

O perdão é uma maneira de elevar sua vibração pelo descarte de velhas energias que o drenam e o impedem de ter todo o seu poder disponível para si mesmo neste momento. É uma oportunidade de libertar-se do sofrimento e fortalecer-se. A Irmã Salgueiro, cujos galhos roçam o chão, orienta-o agora a perdoar os outros e a si mesmo em profusão e liberdade. Você talvez esteja muito ciente de sua própria necessidade de perdão, ou isso pode surgir como uma surpresa para você; nesse caso, esteja aberto para ouvir a verdade sobre quem ou o que precisa ser perdoado e limpo pela Mãe Salgueiro dos recônditos de seu coração. Pode ser um pequeno incidente de quando você era criança ou uma experiência significativa que você simplesmente colocou de lado em um esforço para seguir sua vida. Essa abordagem tem sido admirável; não obstante, sempre chega o momento de confrontar, perdoar e seguir em frente, não apenas na mente, mas também genuinamente no corpo.

Este oráculo indica que você está em um processo de perdoar os outros, e que você também precisa lembrar-se de perdoar a si mesmo por ser humano e precisar aprender e crescer, como qualquer pessoa.

Você não tem de ser perfeito e, às vezes, é perdoando a nós mesmos que conseguimos perdoar os outros também. Sofremos menos por julgamentos duros que não parecem corretos a nosso coração e drenam as forças de nossa alma, e experimentamos mais bondade, uma nutrição balsâmica da Irmã Salgueiro cujos galhos roçam o chão, Kuan Yin em sua forma de perdão e cura, e desfrutamos mais paz de espírito.

O perdão é uma prática espiritual poderosa que o ajuda a desconectar seus circuitos energéticos de pessoas, lugares, situações e lembranças que podem drenar seu poder no momento presente e diminuir o ritmo de seu crescimento espiritual e da manifestação física de seu desejo do coração e propósito de alma.

No momento, você está crescendo espiritualmente e precisa de seu poder no tempo presente para alimentar esse processo. Como ao surfar uma onda, você está prestes a ser elevado, então, perdoe com sinceridade e sabedoria, e saiba que isso não significa que você está permitindo abusos no futuro. Significa que você está pronto para ter seu poder no momento presente, que tem compaixão e permite que o Universo dirija o aprendizado de todo ser neste planeta, que abandona pensamentos de vingança e se liberta do passado.

Curas pela Irmã Salgueiro cujos Galhos Roçam o Chão

Sente-se confortavelmente, feche os olhos e veja, sinta ou perceba que você está dentro de seu chacra do coração. Imagine-o como um belo local com um corpo de águas calmas que refletem a luz e grupos de salgueiros, cujos galhos pendentes mergulham nas margens da água. Nesse belo lugar dentro de seu coração, você percebe Kuan Yin sentada perto do maior salgueiro, seus cabelos e seus mantos esvoaçando suavemente à brisa suave. Ao sorrir para você e erguer as mãos em um mudra de cura, ela faz levantar uma leve brisa de energia de cura que flui para dentro de seu coração, ajudando-o a abrir-se e a libertar-se. Permita que a energia d'Ela flua por seu coração e observe cordões de energia que se estendem de seu coração e o conectam a pessoas, lugares, coisas e lembranças desta e de outras vidas.

Diga em voz alta: "Aceito neste momento a assistência amorosa de Kuan Yin para abandonar qualquer amarra ou apego que esteja drenando minha energia. A todos com quem tenho questões não resolvidas, por todo o tempo e o espaço, agora declaro: reconheço que você é uma Alma, aprendendo como eu, e eu a perdoo. Se a feri de alguma forma, por favor, perdoe-me. Escolho libertar, a você e a mim, do passado. Que sejamos todos abençoados com a Misericórdia e Graça de Kuan Yin, com o bondoso poder de cura da Irmã Salgueiro cujos galhos roçam o chão. Que assim seja. Om Mani Padme Hum".

Visualize ou imagine que a luz de Kuan Yin em seu coração se torna como um fogo branco de energia, queimando qualquer amarra ou apego que agora é liberado. Visualize ou imagine que o fogo branco em seu coração flui para seu umbigo e o infunde com poder, energia e vitalidade. Imagine cordas rompendo-se e voltando a seu campo de energia, não mais deixando vazar seu poder para fora de sua aura.

Una as mãos diante de seu centro do coração, no mudra de oração, com as palmas juntas, respire profundamente, inspirando e expirando, sentindo em seu coração a paz da Irmã Salgueiro cujos galhos roçam o chão.

Quando estiver pronto, abra os olhos.

Oração da Irmã Salgueiro cujos Galhos Roçam o Chão

Amada Kuan Yin, Irmã Salgueiro cujos galhos roçam o chão, com graciosidade e rendição ao amor, tu perdoaste grandes transgressões contra ti, pois escolheste a sabedoria e o crescimento espiritual, não escondeste tua raiva, mas escolheste apenas abandoná-la e encontrar paz e compaixão em teu coração. Tu te libertaste para ascender à bem-aventurança! Por favor, abençoa-me para que eu possa contar com minha própria sabedoria e força espiritual para perdoar e fortalecer-me neste momento. Permito que a Irmã Salgueiro, cujos galhos roçam o chão, purifique gentilmente meu coração. Om Mani Padme Hum.

32. Elevação Tai Chi

Seu campo de energia está ficando mais forte, com mais eletricidade espiritual pulsando por seu ser. Dedique algum tempo à nutrição de seu sistema nervoso enquanto ele se ajusta e seja gentil consigo mesmo enquanto você se acostuma com níveis crescentes de potência espiritual, que imprimem maior impacto a suas palavras, ações e pensamentos.

Ter um campo de energia grande não significa necessariamente que você tenha um alto nível de consciência, mas quando se tem uma percepção magnífica e uma bela luz, ela é capaz de irradiar com maior brilho através de um campo de energia mais amplo. Não importa o que você tenha em seu interior, um campo de energia maior o revelará com maior intensidade.

Você tem uma luz especial dentro de si, e a elegância, a beleza e o refinamento dessa luz desejam expressar-se com maior intensidade no mundo das formas, de modo que os outros possam receber cura e também refinar sua luz. Você pode ensinar aos outros sobre o poder da gentileza, que a força não é necessária e que a bondade pode ser o mais poderoso dentre todos os bálsamos de cura. Para que isso aconteça ainda mais neste momento, seu campo de energia está crescendo. É como ter um globo de luz maior pelo qual irradiar sua luz, para que ela seja mais visível.

À medida que seu campo de energia cresce, suas palavras e pensamentos tornam-se mais potentes. Como ao acostumar-se a dirigir um carro de motor mais potente, respeite seu ritmo e seja cuidadoso ao perceber o impacto que suas ações e pensamentos passarão a ter no mundo das formas. Não há motivo para preocupação. Você pode interiorizar-se em seu coração e confiar que exercitará sua vontade e potência no mundo rendendo-se a seu coração, onde sua própria natureza Kuan Yin o guiará à compaixão e à ação correta.

Deixe seu campo de energia continuar a crescer por meio de canto e meditação, trabalho energético e cura, e o que mais lhe parecer intuitivamente adequado. Este oráculo é uma confirmação de que o crescimento está acontecendo e precisa acontecer neste momento para que você seja capaz de fazer seu trabalho de vida com mais efetividade.

Elevação Tai Chi

Fique de pé em uma postura confortável, com os pés separados na largura dos quadris e as mãos relaxadas ao lado do corpo. Sinta os pés conectados ao chão e, com suavidade, balance-se sobre os calcanhares e a planta dos pés.

Diga em voz alta: "Invoco agora o amor incondicional, a luz e o poder da terra, para meu bem maior".

Devagar, erga as mãos pela frente do corpo, palmas voltadas para dentro à medida que você as estende acima de sua cabeça, em direção ao céu. Imagine que você está puxando energia da terra com os pés e enviando-a para cima através do topo da cabeça.

Diga em voz alta: "Invoco agora o amor incondicional, a luz e o poder das forças celestiais, para o meu bem maior".

Imagine-se puxando devagar a luz do céu, fazendo-a descer por seu corpo à medida que você desce as mãos pela frente do corpo, lentamente, palmas voltadas para seu corpo e levemente para baixo, parando no umbigo. Descanse as mãos diante do umbigo e feche os olhos, percebendo a luz subindo através de seu corpo e saindo pela coroa da cabeça, e descendo dos céus através de seu corpo e penetrando a terra, dois fluxos de energia, terra e céu, formando uma coluna de vibrante energia amorosa que o envolve e estende-se abaixo de você, dentro da terra, e acima de você, penetrando o céu.

Respire tranquilamente nesta coluna de luz e, quando estiver pronto, abra os olhos.

Uma Oração para a Elevação Tai Chi

Pela misericórdia e compaixão de Kuan Yin, e por meu próprio livre-arbítrio, que meu campo de energia cresça a fim de satisfazer as necessidades da luz de minha Alma. Possa eu ser forte e misericordioso, poderoso e sábio em igual medida; possa eu ser amoroso e forte com temperança e intenção pacífica. Om Mani Padme Hum.

33. As Dez Irmãs de Luz

Você é uma Alma adiantada e já viveu muitas encarnações, irradiou sua luz através de muitos rostos diferentes. Sua Alma aprendeu muitas habilidades em vidas passadas, desenvolveu capacidades e talentos. Esta é uma vida de culminação no sentido em que sua Alma está reunindo potencialidades desenvolvidas ao longo de muitas vidas em uma expressão unificada. É como canalizar o poder de dez irmãs, ou mais, em sua vida atual. Prepare-se para crescer e brilhar, amado.

O Eu Superior gosta de integrar a sabedoria que colheu em muitas experiências e vidas para que nada seja perdido e tudo seja aprimorado. Você está agora em um processo de tecelagem e integração espiritual no nível da alma. Isso significa que dons e habilidades que você mal reconhece conscientemente lhe serão mais óbvios. Talvez você descubra que conhece coisas de diversas tradições de cujo aprendizado sequer se lembra. Você pode sentir-se estranhamente atraído a começar a estudar outras artes de cura ou artes marciais, por exemplo, apenas para descobrir que, de algum modo, elas lhe são familiares.

Tenha paciência, abertura e confiança nessa jornada. É um período intenso de crescimento espiritual, já que na integração também acontece o descarte de velhas questões ou dores que já não lhe servem. É bom deixá-las ir. Você é instado a estimular a ativação de habilidades de vidas passadas em sua vida atual, abandonando dores e problemas do passado, mesmo que você não tenha plena consciência do que sejam, por meio da liberação da dor com a respiração, tirando-a do chacra cardíaco e de qualquer outro lugar no corpo ou no campo de energia que sua intuição indique. A partir do espaço criado, a luz da alma brilhará, e a luz de encarnações passadas, incluindo talentos e habilidades desenvolvidas nelas, brilhará através de você agora.

Este oráculo também indica que em sua vida atual há um padrão ou contrato de uma vida anterior operando com força. Isso não é bom nem ruim: está ajudando-o a crescer seja apoiando-o, seja desafiando-o para que se torne mais forte. Esse contrato de vida passada pode surgir na forma de um professor, de um relacionamento ou ensinamento. Ele pode resolver-se de várias maneiras: receber o ensinamento ou abandonar um relacionamento, aceitar um novo relacionamento em sua vida ou até abandonar uma filosofia ou ensinamento para que você possa expandir sua consciência com um aprendizado diferente que o ajude a acessar a sabedoria que você precisa para seu crescimento nesta fase específica de sua jornada. Pode ser bem diferente do que você precisava alguns anos ou até meses atrás, e está tudo bem.

Cabe a você confiar em seu coração e discernir o que lhe parece verdadeiro. Lembre-se de que você e a Fonte eterna são um único ser, e esse ser já teve muitas faces, como as dez irmãs da luz. Você tem várias habilidades e talentos e pode permitir o processo de seu retorno neste momento, bem como a integração e a cura de um padrão de vidas passadas em uma nova expressão.

Cura com as Dez Irmãs de Luz

Sente-se em silêncio com os olhos fechados e imagine uma luz branca suave que arde, reluzente, dentro de seu centro do coração, a qual é seu Eu divino. Você percebe uma bela mulher, de brilho radiante, ao seu lado, oferecendo-lhe apoio e proteção. Concentre-se de novo na luz e diga: "Escolho honrar, perdoar, aceitar e amar, neste momento, tudo o que já fui". Inspire e expire pelo centro do coração, permitindo que a luz cresça, e diga: "Escolho, para meu bem maior, abrir-me e render-me neste momento à sabedoria do crescimento de minha própria alma, trazendo a esta vida atual o que me serviu no passado, se isso for útil ao meu bem maior novamente no agora, por meu próprio livre-arbítrio, que assim seja".

Inspire e expire, permitindo que a bela Kuan Yin envie amor à luz de sua alma em seu coração, observando-a crescer em paz e poder. Você percebe que a luz se transforma em irmãs reluzentes, dançando em seu coração. As irmãs aumentam em número até dez. Elas são guardiãs, são vidas passadas, são guias, partes de sua própria consciência. Deixe-as dançar em luz e, quando estiver pronto, abra os olhos.

Oração para as Dez Irmãs de Luz

Divina Kuan Yin, Om Namaha, invoco as Dez Irmãs de Luz que me amam incondicionalmente, invoco vossa graça, proteção e assistência para que eu abandone, neste momento, mágoas e padrões de vidas passadas, de modo que mais da luz de minha Alma possa manifestar-se no tempo presente. Abençoai este processo com vossa misericórdia, compaixão e graça. Gratidão, amadas. Om Mani Padme Hum.

34. O Alaúde de Amarílis

Você alcançou uma vitória, amado, uma vitória sobre o passado, e o Alaúde de Amarílis está reverberando em cada célula de seu ser, anunciando sua crescente vibração à medida que você abandona o medo novamente. Na verdade, o Alaúde diz que você está crescendo depressa em nível espiritual, que está superando sua antiga vida. Quando sua vibração muda, sua vida também muda, amado. Isso é natural. É seguro, além de prova de amor, abandonar o que já não lhe parece correto. Independentemente do quanto isso tenha sido importante em sua vida anterior, talvez já não ocupe o mesmo lugar em sua nova vida.

Assim como um instrumento musical pode tocar notas de vibrações altas ou baixas, sua própria vibração está sendo aprimorada à medida que você cresce espiritualmente com rapidez. Isso é maravilhoso! Seja corajoso e confie que você tem permissão – na verdade, você é espiritualmente encorajado a permitir que sua vibração continue a elevar-se, mesmo que por vezes isso signifique deixar pessoas, lugares, situações e coisas para trás. Algumas pessoas e situações crescerão com você, no mesmo ritmo; outras o encontrarão na próxima curva da espiral de sua consciência e caminho de vida que estão em desenvolvimento; e outras ainda o puxarão para baixo, e você precisará deixá-las ir para que vivam seu próprio destino de acordo com suas escolhas e seu ritmo.

    Quanto mais você se permite elevar sua vibração, cintilar vitorioso em sua jornada do medo à paz, mais você será capaz de beneficiar-se do rápido desdobramento de seu destino superior em sua vida. A Flauta de Amarílis chama-o a elevar-se em sua própria vibração de alma. Esse instrumento de cura da Deusa Mãe Divina Kuan Yin soa no interior de suas células, ajudando-o a continuar elevando sua vibração em paz. Você notará os efeitos do Alaúde de Amarílis quando sentir que quer ter mais discernimento quanto ao que consome e ao modo como isso pode afetá-lo positiva ou negativamente, quer no tocante a alimentos, relacionamentos, energias, materiais visuais ou de leitura, música, ambientes e tendências emocionais em certas amizades ou ambientes de trabalho. Isso não requer abordagens rigorosas ou fanáticas, mas o Alaúde o abrirá a uma maior percepção de como você funciona melhor para elevar sua própria vibração.

Você não precisa fazer mudanças drásticas para ter efeitos expressivos! Mesmo uma mudança pequena, como não fazer fofoca ou escolher não participar de discussões não construtivas, pode fazer uma enorme diferença. Escolher sorrir mais, ser mais gentil e bondoso consigo mesmo e com os outros, não ser um capacho e ser firme e amoroso quando se trata de satisfazer suas próprias necessidades também são maneiras de elevar sua vibração. Canto, meditação e dança também podem ajudá-lo. Deixe o Alaúde de Amarílis soar e conduzi-lo aos caminhos mais belos e agradáveis para elevar sua vibração! Lembre-se: aquilo que funciona para outra pessoa pode não funcionar para você, então, isso é um experimento, e divertido.

Se você tirou o Oráculo do Alaúde de Amarílis com O Limiar ou A Filha da Fênix, isso é uma indicação especial de que você está em um estágio avançado de seu processo de iniciação espiritual e a passagem por aquele portal de iniciação está muito próxima, senão recém-finalizada. Permaneça fiel a seus princípios espirituais, amado, pois sua vitória espiritual será realmente grande.

Cura com o Alaúde de Amarílis

Encontre um lugar retirado na natureza ou em sua casa onde você possa andar em espiral, começando no centro e seguindo para fora.

Se não puder fazer este exercício fisicamente, visualize-o com sua imaginação.

Comece no centro e diga: "Escolho abandonar agora o que já não serve a minha vibração, o que me manteve em medo e consciência de miséria, doença e exaustão, ou codependência. Abandono tudo isso e liberto-me para ser mais EU mesmo em amor, paz e poder, que assim seja!"

Comece a caminhar acompanhando a espiral, na direção que lhe parecer adequada. Imagine que, a cada passo consciente, dentro de você soa um belo Alaúde que libera flores de Amarílis em seu coração. Imagine que, a cada som, sua vibração se eleva, como sua Alma produzindo uma nota mais alta, e você abandona velhas energias. Permaneça o tempo que precisar nesse processo.

Ao começar a caminhar, mantenha os passos bem pequenos e, à medida que amplia as espirais, afaste-se com passos maiores até sentir-se mais leve e livre (ou tiver saído do cômodo).

Quando terminar, diga: "Honro este compromisso comigo mesmo – permitirei que a elevação de minha vibração seja uma prioridade. Dou a mim mesmo total permissão para fazê-lo neste momento, em serviço amoroso a minha Alma e ao Planeta! Que assim seja!"

Oração para o Alaúde de Amarílis

Tua beleza triunfa, teu som puríssimo faz meu coração flutuar. Minha vibração eleva-se e minhas células são inundadas de luz divina. Conheço a mim mesmo como Amor. Om Mani Padme Hum!

35. O Livro das Mutações

Tal como uma melodia bela, mas incomum, o plano Divino desenrola-se por meio de sua vida, embora nem sempre ele seja previsível! Kuan Yin o está guiando na direção certa. Mesmo que você não compreenda plenamente o que está acontecendo em sua vida neste momento, permita que Kuan Yin o abençoe com confiança no desdobramento de seu próprio Caminho Divino. O Livro das Mutações está sempre agindo, ajudando-nos a encontrar nosso caminho. Você está tomando a rota mais inteligente para seu destino!

Às vezes, ocorrem situações ou circunstâncias que parecem nos afastar da meta desejada ou nos fazem questionar se precisamos assumir o controle das coisas para atingir a manifestação por nós desejada. Ainda que não compreendamos por que algo está acontecendo de dada maneira neste momento, com paciência e experiência a sabedoria e a utilidade da situação em geral se revelam, e podemos ficar maravilhados com o modo como fomos auxiliados pelos mecanismos de uma Inteligência Superior que, à época, não compreendíamos.

Como um guia experimentado no topo de uma montanha, Kuan Yin percorreu o caminho espiritual ao longo de muitas vidas para chegar a seu estado de iluminação e compaixão. Ela é muito sábia e o está abençoando com sua Graça, ainda que essa Graça pareça uma nuvem cinzenta, um atraso, uma decepção inesperada ou até uma nova oportunidade maravilhosa em uma direção diferente! Ela pode ajudá-lo a evitar armadilhas que você não precisa enfrentar se confiar em seu conselho. Ela pode ler o Livro das Mutações e compreender o Plano

Divino que se desdobra por meio de você, ajudando-o a elevar-se a seu Caminho Divino com o mínimo de dificuldade.

Você é instado a confiar e permitir que as circunstâncias de sua vida se desdobrem neste momento. Se existem delongas, não force uma questão, deixe-a acomodar-se e resolver-se com o mínimo de interferência possível de sua parte. Você não precisa deixar que tirem vantagem de você, nem evitar expressar suas verdades e impressões a respeito do que quer que esteja acontecendo. Contudo, você é orientado a confiar que, não importa o que pareça estar acontecendo agora, esse desvio ou situação inesperada é uma bênção do Plano Divino, confirmada por Kuan Yin, ajudando-o a evitar problemas desnecessários no futuro. Ela está corrigindo a direção de sua vida e ajudando-o a avançar com mais graça em seu Caminho Divino.

Cura com o Livro das Mutações

Deite-se em silêncio em um aposento à meia-luz e concentre-se em seu centro do coração. Imagine que uma luz brilha em seu coração, e um caminho divino abre-se à sua frente, subindo, ondeando e fazendo curvas, algumas vezes inesperadamente, mas sempre banhado em luz dourada.

Nesse caminho você vê ou sente o campo de energia belo e luminoso de Kuan Yin enquanto ela joga moedas de ouro no ar e as observa cair, rindo suavemente diante das combinações que formam, batendo palmas de alegria. Ela o vê e ergue a mão em bênção.

Ofereça-lhe qualquer situação ou circunstância inesperada – desejada ou indesejada – que esteja acontecendo em sua vida neste momento. Veja-a recebendo sua oferenda, transformando-a em moedas de ouro e jogando-as no ar, observando as combinações das moedas ao caírem. Ela envia o amor de seu coração a tais moedas e as devolve a você. Guarde-as no coração e saiba que tudo está bem.

Uma Prece para Honrar o Livro das Mutações

Amada Kuan Yin, gratidão por tuas bênçãos de graça e assistência divina em minha vida quando permito, com confiança e fé, que o Plano Divino, o Livro das Mutações em toda a sua sabedoria, simplesmente flua. Rogo neste momento pela coragem de confiar em tua bondade e assistência, para ver a beleza e perfeição de todas as situações da vida, de modo que eu tire o máximo proveito delas neste momento. Gratidão por tua ajuda. Om Shanti. Que eu sinta tua Paz em meu coração. Om Shanti.

36. A Dança do Desvelar

Há uma situação em sua vida que está prestes a se revelar com maior clareza. Como areias que se deslocam, a imagem parecerá mais clara e um tanto diferente de como já lhe pareceu. Essa clareza trará grande alívio e confirmará sua intuição. Tenha paciência e permita que a revelação aconteça no momento mais apropriado.

Muitas vezes, o que pensamos conhecer é apenas uma pequena parte do quadro maior. Com um pouco mais de informação, o que acreditamos ser verdade pode mudar – por vezes de forma drástica – e revelar uma realidade completamente diferente. Às vezes de fato imaginamos que uma situação, pessoa ou lugar é aquilo que pensamos ou sentimos que seja, mas, passado algum tempo e após certo envolvimento, descobrimos que não é bem assim. Há uma situação importante em sua vida que ainda está se desenrolando neste momento e você precisa conhecê-la por completo. É seguro ser paciente e curioso e confiar no que você sente estar se revelando agora. Não se apresse a colocar as coisas em movimento, formar uma estrutura ou até concretizar as coisas antes de ter tido a chance de esclarecer melhor a situação ou o processo. Haverá um momento no futuro próximo em que você perceberá que a graciosa dança cósmica de Kuan Yin desenrolou-se e ergueu um véu. Nesse instante, você perceberá que está vendo de forma muito mais clara e precisa do que tinha sido capaz de ver antes.

Apenas nesse momento é que um curso de ação, ou inação, apropriado se mostrará claro a você. Tentar fazer esforços ou criar resultados antes daquele tempo não fará com que a dança do desvelar se desenrole mais depressa. Tenha paciência e confiança, amado. A dança da graça divina de Kuan Yin tocará esse aspecto de sua vida e lhe trará clareza. Concentre-se em seu coração e ouça a música da dança da deusa.

Este oráculo também é uma confirmação de que algo que você percebeu recentemente, ou perceberá em breve, está correto. Tal percepção pode ter-lhe sido surpreendente, chocante ou difícil, e talvez você ainda não esteja confortável com suas implicações e, por isso, tenha dúvidas quanto à veracidade de sua visão. Tenha paciência e permita-se adaptar às novas verdades que estão sendo reveladas neste momento. A Dança da graça de Kuan Yin traz não só revelação, mas também oportunidade e resolução.

Cura pela Dança do Desvelar

Sentado em silêncio, com os olhos fechados, imagine que uma cortina pesada está à sua frente. Por baixo da cortina você vê lampejos de uma luz brilhante, e também nota essa luz nas aberturas dos lados e ao centro da cortina.

Diga: "Escolho ajustar minha vibração e minha visão para perceber a revelação suprema da verdade a mim disponível neste momento, em qualquer questão que seja de grande importância para mim. Invoco Kuan Yin, que me ama incondicionalmente, para auxiliar-me neste processo".

Kuan Yin surge como uma bela e elegante dançarina, repleta de luz, e à medida que seus movimentos graciosos se desenrolam, a cortina é aberta e você pode observar o que estava oculto. Permita que sua vibração mude com a ajuda amorosa d'Ela. Imagine que sua visão interior ajusta-se à luz, como se você tivesse saído de um quarto escuro para um dia claro de sol.

Você pode perceber conscientemente, ver, sentir ou saber o que está por trás da cortina. Você também pode percebê-lo em um nível mais profundo, do qual ainda não está consciente, mas capte a percepção, confiante de que ela se tornará consciente quando você estiver pronto e disposto a recebê-la, e tenha capacidade para tanto.

Não questione ou racionalize demais o que aconteceu; apenas permita que a luz, símbolo, sensação ou visão penetre seu olho interior e, quando estiver pronto, diga: "Gratidão, aceito esta revelação em sua totalidade, aceito que verei, saberei e compreenderei tudo na hora e da maneira certas".

Quando estiver pronto, abra os olhos, consciente de que pode demorar um pouco para sua visão voltar ao estado comum cotidiano.

Uma Oração para a Dança do Desvelar

Amada Kuan Yin, abandono neste momento qualquer medo que pudesse distorcer minha percepção e impedir-me de contemplar os níveis supremos da verdade que sou capaz de perceber. Ajuda-me neste instante, amada, com tua divina dança de misericórdia e compaixão: que a confusão se desfaça, que quaisquer distorções sejam eliminadas, e que a verdade seja revelada com graça e simplicidade. Desvele as verdades com tua dança de graciosidade, amada. Gratidão! Om Mani Padme Hum.

37. O Trono de Lótus

A sabedoria do Lótus que ilumina a amada Kuan Yin e todos os mestres espirituais é a mesma Luz do Lótus dentro de seu coração, amado. Pode ser preciso grande coragem para confiar em sua própria luz interior, ascender ao trono de sua própria autoridade espiritual interior, especialmente se a luz daqueles à sua volta parecer mais poderosa que a sua. Você é instado neste momento a confiar em sua orientação interior acima de todas as outras. Tenha fé em seu próprio coração. Saiba que você é divino.

Há ocasiões no Caminho em que podemos nos beneficiar muito do auxílio dos outros. De fato, essas ocasiões ocorrem quase sempre! Um verdadeiro mestre, professor, guru, guia ou curador espiritual têm o mesmo papel – conectá-lo, com percepção consciente, a sua própria luz interior, para que você possa vir a perceber que o poder, autoridade e beleza espiritual em você é, na verdade, o mesmo poder, autoridade e beleza espiritual que talvez veja e venere neles.

Às vezes, podemos precisar de um guia exterior para nos ajudar a fazer essa conexão. Outras vezes, estamos mais próximos de nossa própria sabedoria divina do que percebemos conscientemente e, assim, caímos no hábito de acreditar que outras pessoas podem saber mais sobre o que é bom ou verdadeiro para nós que nós mesmos. Por vezes, por hábito ou condicionamento é mais fácil ver a luz divina nos outros que dentro de nosso próprio coração.

Este oráculo veio para orientá-lo a confiar que seu professor interno está ficando mais forte, que você tem mais sabedoria espiritual do que pode ter reconhecido anteriormente, e que se beneficiará muito se prestar atenção à orientação de seu coração neste momento.

Aqui, você é orientado a discernir com cuidado o nível de influência que os outros possam estar exercendo sobre você. Em sua admirável disposição para se abrir, aprender e crescer, é prudente não abandonar seu discernimento. Não importa quão sábio ou poderoso um professor possa ser, é mais prudente e poderoso ainda testar sempre o que ele tenta dizer a você, meditando a esse respeito em seu próprio coração. Todas as orientações que você vem seguindo parecem verdadeiras a seu coração?

Neste momento, o Professor Interno, o Guru em tudo, a luz da Deusa Kuan Yin em seu coração está falando com você, exortando-o a confiar em sua natureza divina mais do que nunca. Você é instado a ascender ao Trono de Lótus de sua própria Alma divina. Confie em sua coragem, amado. Sua jornada o está levando à maturidade espiritual e você precisará reconhecer que tem autoridade espiritual dentro do coração. Sim, você pode aprender com os outros, mas honre sempre seu professor interno, amado, já que ele é seu próprio guia infalível e incondicionalmente amoroso, a parte de você que é, sempre foi e sempre será pura Sabedoria Divina.

Ascensão de Cura ao Trono de Lótus

Sente-se ou deite-se confortavelmente, de olhos fechados, e concentre-se em seu chacra cardíaco, no centro do peito, percebendo a luz de seu interior. Imagine que dentro dessa luz do coração você consegue ver um belo trono, uma cadeira magnífica ou um lótus em que está assentado um ser divino de luz, em uma postura graciosa, forte e compassiva.

Sussurre: "Peço agora para conectar-me com a sabedoria e a autoridade espiritual do Trono de Lótus e com o ser de luz e amor incondicional que habita sobre ele em meu chacra do coração".

Perceba esse ser conectando-se a você por meio do amor divino que lhe emana dos olhos e do coração, e do campo de energia do trono em si, que é forte, poderoso e sábio. Ao permitir-se verdadeiramente receber a energia desse ser sábio e iluminado, você se dá conta de que ele é seu próprio Eu Superior, naquele Trono de Lótus. Sinta a paz e a confiança em seu interior. Apenas vivencie a experiência. Permita-se não ter de entender ou analisar o que acontece.

Após permanecer tempo suficiente nessa experiência, diga: "EU SOU a luz divina sobre o Trono de Lótus, eternamente guiando e amando, levando-me de volta à luz divina de minha própria natureza verdadeira. Om Mani Padme Hum".

Oração do Trono de Lótus

Tu resplandeces em meu coração, guiando-me eternamente, Divino Lótus de Luz, meu próprio Coração. Eu ascendo ao Trono de Lótus em teu interior, reconhecendo meu poder, minha sabedoria, meu amor e minha luz. Tudo está bem no interior de minha Alma, pela graça de Kuan Yin e por meu próprio Fogo Divino. Confio em mim mesmo e fortaleço-me espiritualmente, agora mais do que nunca. Om Mani Padme Hum.

38. O TAO

O Tao está sempre fluindo, sempre infundindo vida na criação, sempre apresentando passos e soluções, e sempre nos lembrando de que somos perfeição neste momento. Você está sendo orientado a relaxar e a deixar a vida fluir.

Amado, você está sendo convidado a uma classe espiritual mais avançada da Alma. Por vezes pensamos que mais avançado significa mais esforço e, não obstante, em questões espirituais, à medida que amadurecemos, nós nos tornamos mais capazes de parar de tentar controlar e dirigir as coisas a partir de nossa perspectiva mais limitada e, em vez disso, abrimo-nos para receber forças mais elevadas e nos deixamos guiar por elas, e tais forças incluem nossa própria essência Divina, una com a Fonte de tudo.

Isso não significa que nos tornamos uma folha perdida, soprada pelos ventos do destino; significa, ao contrário, que nos tornamos como bambus, fortes interiormente e capazes de nos movermos nessa ou naquela direção sem perder nosso poder. Na verdade, nossa flexibilidade pode tornar-se parte do que nos faz um instrumento poderoso de criatividade e cura divinas.

Existem períodos em que o Tao, o mistério da Fonte que se revela infinitamente, pede-nos com ênfase que sejamos flexíveis e paremos de lutar contra o fluxo, deixando que ele nos movimente. É a diferença entre tentar nadar até a margem distante, sem saber se estamos seguindo na direção correta, mas simplesmente pensando que podemos estar; e, por outro lado, permitir que uma onda cósmica nos eleve, nos carregue e deposite na costa (e na costa correta para nós!) rapidamente e com graça.

Você pode perguntar-se: mas por que deveria ser tão fácil? O desafio é não tentar forçar a vida a se desenrolar de acordo com nossos caprichos, mas crescer em verdade, sabedoria, amor-próprio e valor próprio, de modo que consigamos nos render. O caminho não exige esforço, embora a jornada para se tornar capaz de render-se ao caminho nem sempre é sem esforço. Podemos inadvertidamente transformar nossos montículos em montanhas e, por isso, você é instado a abrir mão, relaxar e permitir que a Vida faça o que ela faz: fluir. A Vida, o Tao, é mais poderosa que qualquer obstáculo aparente. O Tao flui por todas as situações e apresenta soluções naturais, não importa quão insolúveis tais situações possam parecer. Ele apenas precisa receber permissão para fazê-lo.

Cura com o Tao

Deite-se em silêncio em um quarto à meia-luz ou coloque um tecido leve sobre os olhos fechados. Imagine que você está deitado em um espaço escuro infindável, seguro, expansivo e amoroso. Imagine esse espaço expandindo-se à sua frente, atrás de você, à direita e à esquerda, acima e abaixo, até que exista apenas você no centro desse espaço infinito. Sinta seus limites ficando indefinidos, até que seja difícil dizer onde você começa e termina e o espaço começa. Sinta-se sustentado e seguro nesse espaço, quase como se você estivesse repousando sobre um oceano profundo. Perceba pulsos e ondas suaves, às vezes grandes, outras bem pequenos e delicados, que revelam que esse espaço tem inteligência e vida.

Imagine qualquer resultado que você deseje obter iniciando-se como um pensamento ou visão em sua mente e, depois, dissolvendo-se em luz, viajando até seu coração e reluzindo nesse vasto vazio. O processo de criação foi iniciado no instante em que você o abandonou. Você sequer precisa saber como ou o que fazer em seguida. Sinta a alegria da liberação e a maravilha de como tudo é fácil quando abandonamos o medo e o controle. Sinta o entusiasmo ou a expectativa de o Universo estar atuando com você agora para criar a melhor manifestação. Relaxe, acompanhe sua respiração e, se quiser, termine a prática com a prece a seguir.

Uma Prece para o Tao

Guia-me. Restaura-me. Confio plenamente em ti. Tua sabedoria, teu amor e tua alegria iluminam meu Caminho e a Senda torna-se fácil para mim. Om Mani Padme Hum.

39. O Limiar

Você está diante do Limiar. À sua frente há um modo de ser que está além do medo. É uma passagem sagrada por um véu cármico para uma vida nova de fortalecimento, paz, serviço espiritual à humanidade e alegria na Alma.

Parabéns! Você está embarcando em uma fase de profundíssima libertação da alma, à liberdade do amor que triunfa sobre o medo. Foi uma jornada e tanto. Muitas, muitas vidas e muito trabalho interior foram exigidos para que você fosse capaz de perceber a luz do divino, mesmo sob a densidade do medo. Você se aproxima depressa do limiar cármico onde pode mudar da manifestação baseada em medo para a manifestação baseada no amor.

Esse é um momento sagrado e importante em que é prudente acercar-se daqueles que podem apoiá-lo nessa realidade baseada em amor. No futuro próximo você conseguirá sustentar sua vibração mesmo entre seres que vivem à base do medo, e assim você será de ainda maior serviço à vida, ao amor e ao poder divino neste planeta.

Por agora, permita que a amada Kuan Yin o ajude a conectar-se à beleza e ao poder, ao amor e à alegria interminável e destemida de seu Eu Superior. Não se deixe desalentar por quaisquer medos antigos que estejam vindo à tona. Você não precisa criar uma história a partir deles; pode simplesmente observá-los com amor e permitir que passem. É apenas seu Eu interior liberando vibrações que não estão alinhadas com o amor incondicional.

Por vezes, pode haver testes ferrenhos no Limiar. Não se trata de uma prova a ser temida, mas de uma oportunidade para conscientizar-se de seu desenvolvimento e sentir-se realmente seguro em uma base espiritual firme antes de avançar no serviço de sua

Alma aos outros pelo modo como você vive e está neste planeta. Não adianta preparar-se para ajudar os outros, em uma escala maior, na passagem do medo ao amor se você mesmo ainda está fazendo a transição. Deixe-se estabilizar na nova vibração e, então, sua habilidade de ajudar os outros aumentará naturalmente, com muita graça, auxílio e sem esforço.

E, parabéns, amado! Há muito amor e celebração nos mundos espirituais em virtude dessa sua mudança. Lembre-se de que a única defesa necessária, não importa qual seja o medo ou ameaça aparente, é amor incondicional no coração, que promove compaixão e desapego. Você está seguro e cada vez mais perto de atravessar o limiar. Sua jornada é verdadeiramente abençoada.

Uma Cura para a Travessia do Limiar

Sente-se em silêncio e foque sua respiração no coração. Diga: "Invoco minha Orientação Superior, que me ama incondicionalmente; invoco Kuan Yin, que me ama incondicionalmente. Estai comigo neste momento, amados. Agradeço-vos por vossa proteção, amor, paz e diversão. Namastê".

Concentre-se na luz que cresce em seu coração. Permita que ela forme uma estrela de luz brilhante. Concentre-se nessa luz gotejando em seu umbigo e formando aí uma brilhante estrela de luz. Então, concentre-se na luz que sobe até sua cabeça e ali forma uma estrela de luz brilhante.

Diga: "Invoco a Graça Divina, o Amor Divino, o Poder Divino e a Sabedoria Divina que EU SOU. Invoco minha própria maestria. Invoco a orientação de amor incondicional que me sustenta na travessia do limiar cármico do medo para o amor. Estou aberto a vosso amor durante essa transição espiritual, de acordo com a Perfeição do Tempo Divino, amados. Recebo, agradecido, vossa ajuda".

Concentre-se nas três estrelas de luz crescendo dentro de seu ser e quando estiver pronto, diga: "Eu sou amor, eu sou luz, eu sou poder divino. Que assim seja".

Volte o foco a sua respiração e, quando estiver pronto, abra os olhos. Você talvez queira completar a prática com a oração a seguir.

Oração para a Travessia do Limiar

Que eu seja abençoado com o amor compassivo e a proteção de Kuan Yin enquanto minha Alma se prepara para cruzar o limiar do medo para o amor em todas as dimensões de meu ser. Om Mani Padme Hum. Om Mani Padme Hum. Om Mani Padme Hum.

40. A IMPERATRIZ YIN

A Imperatriz Yin traz paz, prosperidade e sucesso para seus amados devotos. O Propósito de sua Alma inclui Cura e Fortalecimento do Divino Feminino, a própria Imperatriz Yin. Você alcança poder, auxílio e bênçãos indizíveis ao seguir o Propósito de sua Alma. Você é agraciado com ânimo e sustentação em seu Trabalho Sagrado agora.

Você é um líder espiritual, um pioneiro, e parte do que tem a fazer neste planeta, no nível da alma, seja você homem ou mulher, é fortalecer o Divino Feminino, a Imperatriz cósmica do Yin ou energia feminina divina, para que possamos viver na Terra em mais equilíbrio como espécie.

O Divino Feminino está ressurgindo apenas agora neste planeta e muitos não o compreendem. Sua tarefa sagrada, para a qual será profusamente sustentado, nutrido e pela qual será recompensado, é ajudar na vivência de Suas verdades neste momento. Ao fazer isso, você está plantando sementes de consciência e experiência das quais os outros podem tirar proveito quando também estiverem prontos para viver em Suas sagradas verdades.

Isso explicará por que, às vezes, você sente que não se encaixa na cultura atual. Você não está destinado a isso porque sua missão é ajudar essa cultura a crescer e mudar! Assim como a amada Kuan Yin tinha um caráter rebelde e compassivo, e não se encaixava no mundo tal como ele era porque ela nasceu para ajudar em sua cura e ascensão, também sua Alma anseia por fazer uma verdadeira diferença neste mundo, ajudá-lo a ser livre do medo que leva à competição, à dominação e às lutas de poder para que viva, em vez disso, em amor e paz.

As dádivas da Imperatriz Yin são vivenciadas por meio de seu poder feminino, que é acessado pela vivência das verdades de seu coração, de seus valores genuínos e sua gentileza apaixonada. A feminilidade não é frágil, nem agressiva; ela é compaixão ardente que recusa descer ao julgamento e, se o fizer, eleva-se novamente à compaixão, de novo e uma vez mais. Homens e mulheres em contato com seu poder feminino são capazes de amar, sentir compaixão, ser verdadeiros e honrar o que lhes é realmente importante, quer isso se encaixe ou não nos valores culturais contemporâneos. Eles percebem que estão ajudando a criar uma nova cultura, com valores mais inteligentes. Viver dessa maneira não é só mais agradável e autêntico – também leva a uma vida de sucesso com muita criatividade, contribuições positivas, fortalecimento pessoal e relacionamentos gratificantes, além de ser uma inspiração para os outros, para que também possam crescer.

Você é instado a viver em seu poder feminino agora, ser fiel a quem você é e não ceder a condicionamentos sociais que lhe dizem que o poder feminino não é suficiente, que você deve amortecer seus valores, suas crenças e sua compaixão para "progredir" ou "vencer". Você não precisa viver assim. Você está sendo preparado para viver com base em seu coração e perceber que isso não é apenas suficiente: é uma bênção para todos. A Imperatriz Yin agradece sua devoção e serviço amoroso a ela e irradia bênçãos sobre você, amado.

Cura com a Imperatriz Yin

Sente-se em silêncio, com os olhos fechados, e imagine que você pode viajar para dentro de seu coração por meio de sua respiração, deixando-se levar como que por uma onda. Ao entrar, você percebe como o espaço ali dentro é interminável. Ele é escuro, aberto, tranquilo, sustentador e vazio. Há uma sensação de que esse espaço vazio se estende infinitamente, repleto de amor e presença, acima e abaixo de você, à sua frente e às suas costas, à sua esquerda e à sua direita. Sinta como ele é eterno e pacífico, como não força nem luta e, ainda assim, está sempre lá. Imagine qualquer luta ou problema sendo levado a essa escuridão, consumido por ela e deixando de existir. A bem-aventurança que você sente ao reconhecer isso abre seu coração e permite que você permaneça nesse espaço, alimentado espiritualmente.

Complete sua cura com a prece a seguir, se quiser.

Prece para a Imperatriz Yin

Divina Imperatriz Yin, Mãe de Compaixão, Kuan Yin, Om Namaha. Paz, Graça, Luz e Poder Feminino infundem sua essência em meu coração agora. Possa eu ser um vaso da graça e da cura do divino feminino. Que eu viva as verdades de minha Alma neste planeta, que o medo e a raiva sejam suavizados com amor, que eu encontre a verdadeira natureza de meu poder espiritual e esteja em alinhamento contigo, amada, na eterna Graça do Amor Divino. Minha devoção à Imperatriz Yin e a Seu desejo de que todos os seres sejam espiritualmente livres cresce agora em meu coração. Recebo teu amor e proteção. Om Mani Padme Hum.

41. Rumo à Montanha Celestial

Há momentos em que a energia divina é necessária para nos ajudar a alcançar nossas metas espirituais. Quando você não se sente no total controle de seu destino, em geral o divino o está presenteando com uma oportunidade de buscar e invocar o auxílio do poder divino, clamar à montanha celestial, para que você possa ser agraciado com um resultado muito superior. Sua permissão para que seres que o amam incondicionalmente lhe ofereçam ajuda é uma expressão de fortalecimento espiritual. Você possibilita que essas forças venham em seu auxílio e o ajudem a manifestar seu destino e propósito de vida.

Você é instado a possibilitar que o divino o ajude, a clamar à montanha celestial dentro de seu próprio coração, a estender a mão e permitir que o divino o auxilie nos atuais desdobramentos de sua vida. Vivemos em um Universo de livre-arbítrio e, não importa o quanto você é amado, de fato, por ser tão amado e respeitado, nenhum ser intervirá em seu auxílio sem sua permissão.

Não acredite que pedir ajuda significa que você se enfraquecerá ou ficará dependente e não crescerá espiritualmente. Você o faz para crescer em sua maestria no nível da alma, não para abrir mão de sua vida e já não assumir responsabilidade pessoal e espiritual por ela! Pedir auxílio espiritual o ajuda a crescer em confiança, sabedoria e compreensão da natureza do Universo e do modo como ele opera. Aprender a pedir e receber assistência divina nos ajuda a aprender a arte de entregar-se, de modo que possamos nos unir a forças espirituais maiores que nosso Eu individual. Algo maravilhoso começa a acontecer. Você descobrirá que seu Eu Divino é uma expressão viva e poderosa da Fonte do Universo. Você tem dentro de si o poder, o amor e a sustentação da própria Fonte da Vida.

Quando clamamos à montanha celestial, estamos nos lembrando de que somos divinos em nosso próprio coração. Ganhamos poder com essa recordação e podemos ajudar os outros a também recordar isso. Portanto, quanto mais você escolher possibilitar que o divino o assista espiritualmente, mais forte e mais consciente será seu relacionamento com seres de luz e mais você começa perceber as semelhanças que existem entre sua própria natureza divina e esses seres – em outras palavras, ao manter boa companhia espiritual, você começa a perceber sua verdadeira natureza.

Assegure-se de dar o poder de auxiliá-lo àqueles seres que genuinamente o amam de forma incondicional. Ao pedir ajuda, sempre diga três vezes: "invoco aqueles seres que me amam incondicionalmente"; depois, diga: "agradeço por vossa clara orientação e auxílio neste assunto para que eu cresça em minha própria maestria espiritual com paz, amor e alegria, por meu próprio livre-arbítrio, que assim seja!"

Clamor de Cura à Montanha Celestial

Fique em pé ou sente-se confortavelmente, os olhos levemente fechados, e concentre-se em sua respiração. Sinta os pés no chão e busque perceber a energia entre eles e a terra. Imagine essa energia crescendo, transformando-se em uma imensa bola de luz que se estende profundamente terra adentro e envia luz para cima, através de seu corpo, saindo pela coroa de sua cabeça. Imagine essa bola de luz que agora flutua sobre a coroa de sua cabeça derramando uma luz que atravessa seu corpo e sai pelas plantas dos pés, formando uma coluna de luz no meio da qual você está em pé ou sentado.

Diga três vezes: "Invoco aqueles seres que me amam incondicionalmente para que estejam comigo e me ajudem a manifestar meu destino espiritual na vibração mais alta possível para mim, neste corpo e nesta vida. Aceito neste momento vossa ajuda divina, para meu bem maior, em amor incondicional, por meu livre-arbítrio, como ser soberano de luz".

Sinta a energia que isso ativa fechando os olhos e concentrando-se no espaço de seu coração.

Imagine que, dentro de seu coração, você vê um luxuriante paraíso montanhoso, verde-escuro, onde a luminosa Kuan Yin se senta em repouso e irradia bem-aventurança. Ela ouve seu chamado, reconhece-o com amor e paz, e começa a irradiar a luz de seu ser para você. Receba Sua luz dentro do espaço de seu coração, amado, e saiba que a Assistência Divina está com você agora.

Quando estiver pronto, abra os olhos.

UMA PRECE PARA A MONTANHA CELESTIAL

Amada Kuan Yin, no *Ashram* de sua Montanha Celestial, ouve-me, por favor, ajuda-me a abandonar minhas dificuldades em receber ajuda, bem como qualquer sentimento de indignidade ou desconfiança que me impeça de ser orientado, movido e colocado em posição de receber assistência divina, para meu bem maior. Ajuda-me a sentir-me digno de auxílio e a receber esse auxílio que vem a mim, em amor incondicional, neste momento. Gratidão! Om Mani Padme Hum.

42. A MÃE DO LÓTUS TURQUESA

A Mãe do Lótus Turquesa traz uma cura preciosa a você neste momento. Permita-se ser elevado e retirado de sua batalha, amado. Um velho padrão está enfim em seus estertores de morte, algo do passado que muito o oprimia. Este pode ser um dos momentos de maior provação no que tange a permitir que algo se vá, exatamente quando parece demandar tanto de seu tempo, foco e atenção. Mesmo assim, não duvide: você realmente aprendeu as lições que lhe eram exigidas e agora é agraciado com uma oportunidade de receber cura cármica.

Há certas lições em nosso processo de crescimento espiritual que penetram o âmago mesmo de nosso ser, que constituem desafios tão profundos que, mesmo quando aprendemos as lições e praticamos a sabedoria, podemos ainda continuar lutando para superar a força do padrão. Por mais que tentemos, às vezes sentimos que nunca conseguiremos abandonar completamente o desafio e, não importa o quanto cresçamos, resta ainda um fio do passado. Precisamos de um remédio espiritual emergencial se quisermos nos libertar das garras dessa dor persistente!

A natureza compassiva e espiritualmente poderosa de Ma Kuan Yin como a Mãe do Lótus Turquesa quer abençoá-lo com cura cármica, para que você possa elevar-se acima de suas batalhas, simplesmente, deixando-as para trás. Sua Alma aprendeu o que precisava com a situação e pediu auxílio divino, de modo que ela possa continuar em seu caminho divino de crescimento sem peso cármico desnecessário puxando-a para baixo.

Ouça sua orientação interna agora. Perceba se você se sente inspirado a visitar um curador, ouvir repetidamente uma música de cura em especial, ir a uma aula ou meditar em casa a certa hora, ou apenas com mais frequência. Essas são tentativas da Mãe Divina para chegar a você pelos canais disponíveis. Bênçãos divinas de cura cármica podem fluir do mundo espiritual diretamente para sua Alma, mas costumam ser mais eficientes quando vêm por meio de um canal humano de alto nível vibracional diretamente a seu campo de energia, no plano físico.

Esteja o mais aberto que puder à orientação interna para permitir que a divina cura cármica da Mãe do Lótus Turquesa chegue a você. Sua natureza Turquesa limpa e protege seu campo energético, e Seu coração de lótus irradia, alcançando seu próprio coração, trazendo-lhe paz. A Mãe Divina dentro dela deseja apenas infundi-lo com maior liberdade espiritual.

Este oráculo também indica que, se você vem trabalhando com cristais, em especial com a turquesa, deve continuar a fazê-lo, já que isso o fortalece e o está ajudando em sua cura, esteja você plenamente consciente disso ou não.

Cura da Mãe do Lótus Turquesa

Recline-se confortavelmente e concentre-se em seu chacra do coração, no centro do peito. Direcionando sua percepção para esse ponto, diga: "Abro meu coração para receber bênção e libertação cármica, de acordo com a Graça Divina de Kuan Yin, Mãe do Lótus Turquesa. Recebo qualquer orientação, transmissão ou sustentação energética de amor incondicional para ajudar-me a receber essa bênção neste momento. Pela graça divina, que assim seja!"

Perceba uma luz, uma presença de energia da Mãe do Lótus Turquesa. Ao concentrar-se em seu centro do coração, visualize a bela Kuan Yin segurando um lótus magnífico, feito de Turquesa. Ele paira acima da mão da deusa, girando, e então começa a girar acima de seu chacra coronário, banhando-o com uma suave luz dourada salpicada de energia turquesa. Não pense; apenas deixe acontecer. Quando tiver permanecido nesse processo pelo tempo que considerar necessário, agradeça em silêncio e volte ao fluxo de inspiração e expiração. Quando estiver pronto, abra os olhos.

Fique atento aos pensamentos ou impressões que lhe ocorrerem nos dias seguintes.

Oração para a Mãe do Lótus Turquesa

Amada Kuan Yin, Mãe do Lótus Turquesa, abandono neste momento qualquer orgulho inútil ou crenças restritivas que me impediriam de receber a graça divina da cura cármica por teu intermédio. Peço que minha alma seja abençoada e que eu receba toda a graça a que tenho direito espiritualmente. Com gratidão e amor, abro meu coração a ti neste momento. Om Mani Padme Hum.

43. O Vale das Sombras

Um lótus floresce em lama profunda e rica, na qual mergulha suas raízes e extrai grande nutrição. A partir dessa lama, feita de água e terra, o crescimento acontece e grande beleza se revela. O lótus de sua Alma floresce por meio da profundeza das emoções e da vivacidade de seu corpo, onde ela pode plantar seu Eu e abrir-se como um lótus de luz.

O lótus de sua Alma está florescendo. Assim como a planta que fica grande demais para o vaso em que foi plantada e requer mais solo para deitar suas raízes e continuar a crescer, o lótus de sua Alma precisa de um pouco mais de lama – um pouco mais de energia da terra e da água – para que possa crescer e brilhar.

Nos mundos espirituais, todas as coisas têm serventia. Tudo. Inclusive nossas emoções mais sombrias e partes de nosso corpo que talvez não consideremos aceitáveis. Elas são, na verdade, bom alimento para nossa Alma. A Alma anseia amar e apaixonar-se por todas as partes de você! Como um amante divino apaixonado, ela não quer nada oculto; antes, deseja tornar-se plenamente íntima, em nível espiritual, de todos os aspectos e partes de seu ser, independentemente de você os considerar louváveis ou não.

Isso talvez seja desafiador, porque pode ser um imenso desconforto visitar e conscientemente defrontar aqueles aspectos de nossa personalidade e nosso corpo que ainda precisamos de fato amar e aceitar. Ainda assim, você é orientado a abraçar isso neste momento.

Esse processo pode ser iniciado com uma aula ou dedicação a uma prática física que honre a parte sombria de sua natureza. Se você se considera uma pessoa introvertida, talvez deva começar a honrar o lado contrário a esse, a parte que precisa de comunidade e pessoas para florescer. Se você se considera uma pessoa silenciosa, talvez precise explorar como pode encontrar alegria por meio de som, música e energia, por exemplo. Se você se considera uma pessoa passional, pode ser benéfico encontrar aquela parte de si mesmo que é calma e está satisfeita com as coisas exatamente como elas são neste instante.

Esse jogo interno não pretende dizer que quem você é hoje não é suficiente; trata-se de reconhecer que você é aquilo que acredita não ser – e encontrar uma forma de vivenciar isso com consciência e amor. Ele visa acessar as partes de você que ficaram escondidas em um vale de sombras e agora se preparam para ser reveladas e vividas como parte do ser belo e total que você verdadeiramente é.

Em especial, este oráculo pede-lhe para dar atenção àquilo que pode proporcionar mais foco a sua vida emocional e física – talvez por meio da arte, da criatividade, escrevendo seus sonhos em um diário, criando colagens ou dedicando-se à dança ou a outras formas de movimento. Seu espírito precisa florescer neste momento.

Cura pelo Vale das Sombras

Sente-se com seu diário e escreva cinco coisas que você admira em outra pessoa, mas não acredita ser ou ter dentro de você, e, em seguida, faça o mesmo com cinco coisas que você não gosta em outra pessoa, mas não consegue reconhecer em si mesmo.

Diga: "Pela graça de Kuan Yin e com o propósito curativo de nutrir-me com mais luz da Alma, mostre-me agora como posso reclamar essas partes perdidas do Eu e vivê-las com consciência e amor".

Reserve alguns instantes para imaginar como as belas partes luminosas que você não vê em si poderiam ter uma oportunidade de começar a crescer. Por exemplo, se você gosta das habilidades que vê em outra pessoa, poderia comprometer-se a experimentar algumas aulas para ver onde residem seus próprios talentos ocultos.

Dedique também alguns instantes para imaginar como as partes sombrias que você vê e não gosta nos outros poderiam ser reconhecidas e perdoadas em você e possivelmente transformadas em expressões mais conscientes. Um exemplo poderia ser a raiva, que pode ser transformada em um antagonismo saudável que estabelece limites firmes com amor.

Reconheça sua coragem de fazer este trabalho e agradeça por seus próprios esforços e pela graça divina que o auxiliará na jornada para uma automanifestação mais ampla.

Uma Oração por Auxílio ao longo do Vale das Sombras

Rogo a Kuan Yin, amada mãe espiritual, que, por favor, ajude-me a ser destemido no Vale das Sombras, percebendo que estou apenas crescendo em autoconsciência e que tudo quanto se tornou feio por falta de amor cintilará como uma joia polida por intermédio de minha atenção, disposição para amar e aceitar todas as partes do meu ser, e de minha criatividade de inspiração divina para integrar essa parte de mim em minha vida com mais consciência. Om Mani Padme Hum. Que todas as partes do meu ser sejam abençoadas. Om Mani Padme Hum.

44. Teça o Futuro Dourado

Algo bom está a caminho! Kuan Yin exorta-o a tecer seu futuro no momento presente, a invocar e atrair para si as oportunidades, os ensinamentos, as circunstâncias e as sincronicidades que estão à sua espera e que possibilitarão que sua Alma viva seu destino divino com mais abundância, bem-aventurança e satisfação criativa.

Você sabe como o Divino deseja apoiá-lo e auxiliá-lo a viver a verdade de seu coração nesta vida? Kuan Yin, com graça e compaixão, deseja ajudá-lo a ascender ao próximo nível de expressão de sua vida para que a luz de sua Alma possa brilhar com mais intensidade no planeta e ajudar, a si mesmo e a outros seres, a viver com mais afeto e menos medo. Você pode escolher viver uma vida repleta da energia dourada da paz, prosperidade, alegria e criatividade. Um futuro assim dourado está sendo tecido neste momento presente, como uma tapeçaria. Com suas escolhas e ações neste instante, você invoca a tapeçaria dourada divina de bem-aventurança futura. Inteligente de sua parte!

Kuan Yin sabe que existem oportunidades e auxílio esperando por você em sua manifestação futura. Ela deseja ajudá-lo a atrair esses dons futuros para o momento presente, onde podem ser muito úteis para você. Este oráculo indica que existe algo especial pronto para você e, se quiser, você pode receber cura e elevar sua vibração de modo a conseguir recebê-lo mais depressa.

Se você vem mantendo um desejo secreto em seu íntimo, talvez o de publicar um livro, de ser um curador, de ensinar ou escrever ou cantar, de atrair a parceria de uma alma gêmea, ou de despertar espiritualmente em um nível mais profundo, tire um instante para sentir como seria se esse desejo íntimo se manifestasse agora mesmo. Você pode imaginar a alegria? Consegue também permitir que essa alegria seja um acontecimento normal, corriqueiro, que poderia fazer parte de sua vida neste exato instante? É assim que você começa a tecer aquela manifestação neste momento. Seja ousado. Sonhe alto e imagine qual seria a sensação de viver seus sonhos. Você consegue começar a cultivar essas sensações agora, quer você já veja ou não a manifestação deles em forma física?

Ter alegria no coração, esteja ela ligada a algo específico ou não, é um ímã do bem que o Universo deseja dar a você. É como acender sua luz interior em uma voltagem mais alta, de modo que oportunidades especiais, perfeitas para você, possam chegar mais depressa. E se seu bem maior vier de uma forma inesperada, mas ainda assim maravilhosa, aceite-o! Seu futuro dourado se manifestará em sua vida das mais belas maneiras e, em geral, se não for exatamente como o imaginávamos, é ainda mais perfeito para nós.

Curar e Tecer seu Futuro Dourado

Imagine-se sentado em uma suave luz dourada. Kuan Yin está com você na forma de uma bela deusa, os olhos cheios de amor e encorajamento. Ela faz um gesto delicado para frente e você o segue com o olhar. Diante de você há um caminho dourado que termina em um belo sol reluzente.

Juntos, vocês enviam amor para o Sol e ele se aproxima. Você sente seu coração expandir e seu ser encher-se de amor. Permita que o amor que você envia traga o Sol o mais perto possível. Você pode até estar preparado para dissolver-se no calor amoroso desse Sol, o que lhe trará uma sensação de energização e paz. Visualize ou sinta a luz do Sol brilhando sobre você, sobre todos os seres, trazendo paz e felicidade. Imagine essa sensação ficando mais forte que qualquer outra sensação que você teve no passado. Imagine sentir o Sol realmente brilhando em seu coração quando abrir os olhos.

Uma Prece para Tecer o Futuro Dourado

Amada Kuan Yin, gratidão por ser minha testemunha espiritual – além do tempo e do espaço só existem amor, verdade, bem-aventurança e alegria – e agora escolho mergulhar nas águas de minha própria essência divina para convocar ao momento presente o bem que me foi espiritualmente conferido. Peço pela graça, sabedoria e habilidades necessárias para a expressão perfeita desse bem futuro no momento presente. Que eu possa tecer meu futuro dourado neste presente momento. Gratidão! Om Mani Padme Hum.

Sobre a Autora

Sempre me pergunto como descrever meu trabalho. Hoje eu diria amansadora de almas, sacerdotisa xamânica, alquimista espiritual e canal da voz divina. Em dias verbalmente menos espirituosos, sou professora espiritual e curadora. Conecto pessoas a sua alma divina, de modo que possam trilhar o caminho de seu destino espiritual mais elevado, seja ele qual for.

Sempre estive em conexão consciente com o Espírito. Senti o chamado aos 9 anos de idade, oferecendo orientação a meus colegas de classe em um centro de cura no pátio da escola (debaixo da árvore, ao lado do portão de trás, no pátio de recreio). Tenho a lembrança clara de saber que estava destinada a um papel de orientação, mas me faltava experiência de vida. Um pensamento e tanto para uma criança de nove anos!

Apenas uma década mais tarde, comecei a curar profissionalmente. Depois de quase duas décadas, o trabalho evoluiu e hoje ofereço poderosas curas sutis usando som, transmissão de energia e graça divina. Compartilho mais desse trabalho em: <www.alanafairchild.com>.

Nota do Editor

A Madras Editora não participa, endossa ou tem qualquer autoridade ou responsabilidade no que diz respeito a transações particulares de negócio entre o autor e o público.

Quaisquer referências de internet contidas neste trabalho são as atuais, no momento de sua publicação, mas o editor não pode garantir que a localização específica será mantida.

MADRAS® Editora — CADASTRO/MALA DIRETA

Envie este cadastro preenchido e passará a receber informações dos nossos lançamentos, nas áreas que determinar.

Nome _____
RG _____ CPF _____
Endereço Residencial _____
Bairro _____ Cidade _____ Estado ___
CEP _____ Fone _____
E-mail _____
Sexo ❏ Fem. ❏ Masc.   Nascimento _____
Profissão _____ Escolaridade (Nivel/Curso) ____

Você compra livros:
❏ livrarias   ❏ feiras   ❏ telefone   ❏ Sedex livro (reembolso postal mais rápido)
❏ outros: _____

Quais os tipos de literatura que você lê:
❏ Jurídicos   ❏ Pedagogia   ❏ Business   ❏ Romances/espíritas
❏ Esoterismo   ❏ Psicologia   ❏ Saúde   ❏ Espíritas/doutrinas
❏ Bruxaria   ❏ Autoajuda   ❏ Maçonaria   ❏ Outros:

Qual a sua opinião a respeito desta obra? _____
_____

Indique amigos que gostariam de receber MALA DIRETA:
Nome _____
Endereço Residencial _____
Bairro _____ Cidade _____ CEP _____

Nome do livro adquirido: O Oráculo de Kuan Yin

Para receber catálogos, lista de preços e outras informações, escreva para:

MADRAS EDITORA LTDA.
Rua Paulo Gonçalves, 88 – Santana – 02403-020 – São Paulo/SP
Caixa Postal 12183 – CEP 02013-970 – SP
Tel.: (11) 2281-5555 – Fax.:(11) 2959-3090
www.madras.com.br

MADRAS
Editora

Para mais informações sobre a Madras Editora, sua história no mercado editorial e seu catálogo de títulos publicados:

Entre e cadastre-se no site:

www.madras.com.br

Para mensagens, parcerias, sugestões e dúvidas, mande-nos um e-mail:

marketing@madras.com.br

SAIBA MAIS

Saiba mais sobre nossos lançamentos, autores e eventos seguindo-nos no facebook e twitter:

@madrased

/madraseditora